Escoge el gozo

DEVOCIONALES DE 3 MINUTOS PARA MUJERES

Escoge el gozo

DEVOCIONALES DE
3 MINUTOS PARA MUJERES

BARBOUR
ESPAÑOL
Un Sello de Barbour Publishing

Introducción

Oh Señor, quiero alabarte con todo el corazón y contar tus muchas maravillas. Oh Altísimo, por ti quiero gritar lleno de alegría; ¡quiero cantar himnos a tu nombre!
SALMOS 9.1-2 DHH

Estos devocionales son especialmente para esos días en los que se necesita un poco de ánimo y un amable recordatorio: ¡ESCOGE el gozo! Lo único que necesitas para refrescar tu espíritu y llenar tu copa a rebosar de alegría para el viaje son tres minutos de tu ocupado día.

* MINUTO 1: *Lee y reflexiona sobre la Palabra de Dios.*

* MINUTO 2: *Lee el devocional y piensa en cómo se aplica a tu vida.*

* MINUTO 3: *Ora.*

Aunque estos devocionales no son una herramienta de estudio bíblico profundo, pueden ser una piedra de toque para mantener tus ojos puestos en Dios, el dador de la alegría. Deseamos que este libro te recuerde que puedes encontrar deleite en los momentos cotidianos de la vida.

Gozo en la mañana

Todos los que buscan al SEÑOR lo alabarán;
se alegrará el corazón con gozo eterno.
SALMOS 22.26 NTV

Cada día, Dios nos rodea de belleza para animarnos
y ayudarnos. Podemos verla en las flores o en el bri-
llante cielo azul, o tal vez en la nieve que cubre los
árboles de un maravilloso paisaje invernal. Podemos
verla en la sonrisa de un niño o en la cara agradecida de la persona a quien cuidamos. Cada día, el
Señor tiene un regalo especial que nos recuerda de
quién somos y nos da la alegría que necesitamos
para salir adelante.

Señor, gracias por tu gozo, te agradezco
que me lo des todos los días para
sostenerme. Me alegraré en ti.

Él se goza en ti

Jehová está en medio de ti, poderoso, él salvará; se gozará sobre ti con alegría, callará de amor, se regocijará sobre ti con cánticos.

<small>SOFONÍAS 3.17 RVR1960</small>

Las palabras de Sofonías nos recuerdan que Dios es nuestro padre amoroso. Nuestro poderoso Salvador nos brinda una relación personal, amándonos y gozándose en nosotros, sus hijos, contento de que vivamos y nos movamos en él. Él es el Señor del universo, y aun así calmará con su tierno amor nuestro corazón y mente inquietos. Dios se deleita en nuestra vida y celebra nuestra unión con él. Podemos descansar en su afirmación y amor sin importar las circunstancias que nos rodean.

Señor, ayúdame a recordar que siempre estás conmigo y que te deleitas en mí. Recuérdame que soy tu hija y que disfrutas de nuestra relación.

Dulce aroma

*El perfume y el incienso alegran el
corazón, y el dulce consejo de un amigo
es mejor que la confianza propia.*
PROVERBIOS 27.9 NTV

Ya sea en el café, en el postre o incluso al teléfono,
una buena amiga puede ofrecer el estímulo y el consejo de parte de Dios que todos necesitamos de vez
en cuando. Las amistades que tienen a Cristo como
centro son relaciones maravillosas y bendecidas
por el Padre. Mediante los oportunos y piadosos
consejos que estas amigas nos dan, Dios nos habla
y nos da un consuelo tan dulce como el perfume y el
incienso. Entonces, ¿qué esperas? ¡Queda con una
amiga y comparte el dulce aroma de Jesús!

*Jesús, tu amistad lo es todo para mí. ¡También
aprecio las buenas amistades con las que me has
bendecido! Gracias por las mujeres especiales de
mi vida. Muéstrame todos los días cómo ser una
bendición para ellas como ellas lo son para mí.*

El nuevo yo

*Por lo tanto, si alguno está en Cristo,
es una nueva creación. ¡Lo viejo ha
pasado, ha llegado ya lo nuevo!*

2 Corintios 5.17 NVI

¿Estás en Cristo? ¿Es siempre el Señor de tu vida? Entonces eres una nueva creación. *Todo* es nuevo. Las cosas del pasado ya pasaron, y Jesús ha reemplazado lo viejo por lo nuevo: nueva paz, nueva alegría, nuevo amor, nueva fuerza. Si Dios mismo nos ve como una nueva creación, ¿cómo vamos a vernos nosotras como menos? Tenemos que elegir vernos como una nueva creación. Y podemos, por la gracia de Dios. Alégrate. Da gracias. Vive cada día como la nueva creación que ahora eres por medio de Jesús.

*Padre, te agradezco mucho que seas un Dios
de gracia, y que yo sea una nueva creación.
Por favor, dame la visión espiritual para verme
como una nueva creación, mirando más allá
de la culpa de mis elecciones pasadas.*

¡Sin cadenas!

*Y ustedes no recibieron un espíritu que
de nuevo los esclavice al miedo, sino el
Espíritu que los adopta como hijos y les
permite clamar: «¡Abba! ¡Padre!».*

ROMANOS 8.15 NVI

¿Tienes luchas con el miedo? ¿Sientes que te ata
con sus cadenas invisibles? Si es así, hay buenas
noticias. A través de Jesús, has recibido el Espíritu
de la filiación. Un hijo (o hija) del Dios Altísimo no
tiene nada que temer. Saber que has sido liberada es
suficiente para hacerte clamar en alabanza: «¡Abba,
Padre!». Hoy, reconoce tus temores ante el Señor.
Él romperá tus cadenas y te liberará.

*¡Señor, gracias porque eres el gran rompecadenas!
No tengo por qué vivir con temor. Soy tu
hijo, tu hija, y tú eres mi Papá Dios.*

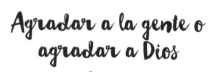

Agradar a la gente o agradar a Dios

No tratamos de agradar a la gente,
sino a Dios, que examina nuestro corazón.

1 TESALONICENSES 2.4 NVI

Cuando nos permitimos ser genuinos ante Dios, no importa lo que piensen los demás. Si el Dios del universo nos ha aceptado, ¿a quién le importa la opinión de los demás? Es imposible complacer a Dios y al hombre a la vez. Hay que tomar una decisión. El hombre mira la apariencia exterior, pero Dios mira el corazón. Pon tu corazón en sintonía con el suyo. No te preocupes por la impresión que das, que solo consiste en la apariencia exterior. ¡Recibe el amor incondicional de Dios y disfruta de la libertad de ser tú misma ante él!

Amado Dios, quiero vivir solo para ti. Ayúdame a dejar de ser una persona que complace a la gente, para ser alguien que te complace a ti. Amén.

Él enviará ayuda

Las olas de la muerte me envolvieron; los torrentes destructores me abrumaron ... En mi angustia invoqué al SEÑOR; .... y él me escuchó desde su templo; ¡mi clamor llegó a sus oídos!

2 SAMUEL 22.5, 7 NVI

Dios nunca nos pidió que viviéramos la vida solas. Cuando las olas de la muerte se arremolinan a nuestro alrededor y la lluvia torrencial de la destrucción amenaza con abrumarnos, podemos clamar a nuestro Padre celestial, seguras de que no dejará que nos ahoguemos. Él escuchará nuestra voz y enviará ayuda. Así que la próxima vez que sientas que no puedes dar un paso más, pídele a Dios que te envíe su fuerza y energía. Él te ayudará a vivir tu propósito en este mundo caótico.

Señor, gracias por fortalecerme cuando la «cotidianeidad» de la vida y sus diversas pruebas amenazan con abrumarme.

¡Sacúdelo!

El Señor le había dicho a Abram: «Deja tu patria y a tus parientes y a la familia de tu padre, y vete a la tierra que yo te mostraré … te bendeciré … y serás una bendición para otros.
Génesis 12.1-2 ntv

En su sabiduría, a Dios le gusta zarandearnos un poco, sacarnos de nuestra zona de confort, empujarnos hacia nuestros límites. Pero nos resistimos al cambio, nos aferramos a lo conocido y tratamos de hacerle cambiar de idea con nuestros lagrimones. ¿Te estás enfrentando a un cambio importante? Dios quiere que estés dispuesta a aceptar el cambio que él trae a tu vida. Aunque sea un cambio que no pediste. Quizás te sientas como si estuvieras en una rama, pero no olvides que Dios es el tronco. No te dejará caer.

Padre santo y amoroso, enséñame a confiar más profundamente en ti en cada aspecto de mi vida. Amén.

Libera la música interior

*Los sabios encontrarán el momento
y la forma de hacer lo correcto.*

ECLESIASTÉS 8.5 NTV

Se dice que mucha gente se va a la tumba llevándose consigo su música. ¿Llevas en tu corazón una canción que está esperando ser escuchada?

No importa si tenemos ocho u ochenta años, nunca es demasiado tarde para entregarle a Dios nuestras esperanzas y sueños. Una mujer sabia confía en que Dios la ayudará a encontrar el tiempo y la manera de usar sus talentos para su gloria mientras busca su dirección. Que empiece la música.

Amado Dios, mi música se está desvaneciendo con el ritmo constante del ajetreo. Te entrego mis dones y te pido que me muestres el momento y la manera de usarlos para tocar mi mundo. Amén.

Reír sin más

Buen remedio es el corazón alegre.
PROVERBIOS 17.22 DHH

Imagina el efecto que podríamos tener en nuestro mundo hoy si nuestro rostro reflejara el gozo del Señor siempre: en el trabajo, en casa, en el ocio. Jesús dijo: «Les he dicho esto para que tengan mi alegría y así su alegría sea completa» (Juan 15.11 NVI). ¿Está llena tu copa de alegría? ¿Te has reído hoy? No hablo de una sonrisa, sino de reírte. Tal vez sea el momento de buscar algo con lo que reír y probar la alegría. Jesús sugirió que lo hiciéramos.

Señor, ayúdame a encontrar hoy alegría.
Quiero reír y alabar al Rey. Amén.

Anticipación ansiosa

No digo esto porque esté necesitado,
pues he aprendido a estar satisfecho en
cualquier situación en que me encuentre.

FILIPENSES 4.11 NVI

¿Nunca has estado tan ansiosa por el futuro que olvidaste estar agradecida por el presente?

Los seres humanos tendemos a quejarnos de los problemas y molestias de la vida. Es mucho menos habitual valorar las cosas buenas que tenemos, hasta que dejamos de tenerlas. Aunque es bueno mirar hacia el futuro, recordemos que debemos reflexionar sobre todas las bendiciones de hoy, grandes y pequeñas, y valorar *lo* que tenemos.

Gracias, Señor, por la belleza de hoy. Por
favor, recuérdamela cuando me preocupe
por el futuro y olvide disfrutar el presente.

Un regalo refrescante

*Pues tenemos gran gozo y consolación en
tu amor, porque por ti, oh hermano, han sido
confortados los corazones de los santos.*

FILEMÓN 1.7 RVR1960

Jesús siempre se tomó el tiempo para los que le
tendían la mano. En medio de una multitud, se detuvo para ayudar a una mujer que lo tocó. Su amor
se extendía a todos los que pedían, ya sea verbal-
mente o con una necesidad no expresada. Dios trae
a nuestro camino a personas que necesitan nuestro
ánimo. Debemos tener en consideración a los que
nos rodean. Sonríele y dale las gracias a la mesera,
a la cajera, a la gente que ayuda en pequeñas cosas.
Animar a los demás puede tener el efecto de una
bebida isotónica, que permite terminar la carrera
con una sonrisa.

*Jesús, gracias por ser un ejemplo de
cómo animar y estimular a los demás.
Ayúdame a ver sus necesidades y a estar
dispuesta a tender la mano. Amén.*

Infinito y personal

¿Soy yo Dios de poco acá, dice Jehová,
y no Dios de mucho ha? ... ¿No hincho
yo, dice Jehová, el cielo y la tierra?
JEREMÍAS 23.23-24 RVA

Dios dice que está cercano y por encima de todo lo que existe. Ya sea que tu día se esté desmoronando a tu alrededor o que sea el mejor que hayas tenido, ¿ves a Dios en él? Incluso si «se te está cayendo el cielo encima», ¿reconoces a Aquel que ordena todos los planetas y todos tus días? Lo veamos o no, Dios nos dice que está ahí. Y está aquí, también, en los buenos y en los malos tiempos.

Señor, dame el poder de confiar en ti cuando me cuesta recordar que estás cerca. Y ayúdame a vivir agradecida en los buenos tiempos. Amén.

Elegida

*Antes que Yo te formara en el seno materno,
te conocí, y antes que nacieras, te consagré;
te puse por profeta a las naciones.*

JEREMÍAS 1.5 NBLA

Dios dijo que conocía a Jeremías ya antes de formarlo en el vientre de su madre. Dios lo apartó de todos los demás para realizar una tarea específica, y lo consagró para ese propósito. Podemos estar seguras de que, si Dios hizo eso por Jeremías, lo hizo por cada una de nosotras. A Dios no lo atrapa por sorpresa nada de nosotras ni de nuestras circunstancias. Él lo sabía todo antes de que naciéramos. Y nos mandó andar por esos caminos porque estamos excepcionalmente cualificadas por él para hacerlo. ¡A qué Dios tan impresionante servimos!

Padre, pensar que me elegiste antes de la fundación del mundo y me apartaste para un llamado específico me hace humilde. Cuán bueno eres. Puedo seguir adelante con un propósito renovado en la vida.

Dios en los detalles

Por eso estamos todos tan amedrentados
y descorazonados frente a ustedes. Yo
sé que el SEÑOR y Dios es Dios de dioses
tanto en el cielo como en la tierra.
JOSUÉ 2.11 NVI

A veces, cuando nuestras vidas parecen acorraladas por las demandas del trabajo, las facturas, la familia, lo que sea, puede ser difícil hallar la obra de Dios en medio de la lucha. Aunque reconocemos su poder, podemos pasar por alto los toques suaves, las formas en que hace cada día un poco más llevadero. Así como el Señor cuida del ave más pequeña (Mateo 10.29-31), también quiere formar parte de cada detalle de tu vida. Búscalo ahí.

Padre nuestro, sé que estás a mi lado todos
los días, buenos o malos, y que me amas y te
interesas por mí. Ayúdame a ver tu obra en
mi vida y en la de mis amigos y familia.

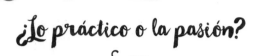

¿Lo práctico o la pasión?

La mujer dejó su cántaro, volvió al pueblo
y le decía a la gente: —Vengan a ver a
un hombre que me ha dicho todo lo que
he hecho. ¿No será este el Cristo?

JUAN 4.28-29 NVI

Lo práctico dio paso a la pasión el día en que la mujer del pozo abandonó su tarea, dejó su vasija y corrió al pueblo. Todo cambió el día en que conoció en el pozo a un hombre que le pidió un vaso de agua. Aunque nunca se habían visto, le contó todo lo que había hecho y luego le ofreció el agua viva que nunca se agota. ¿Vives con esa pasión o te aferras a tu jarra de agua? ¿Has tenido un encuentro con Cristo con un impacto innegable en tu vida?

Señor, ayúdame a dejar todo lo que
ahogue mi pasión por compartir las
buenas nuevas con los demás. Amén.

Planes maravillosos

*SEÑOR, tú eres mi Dios; te exaltaré y alabaré
tu nombre porque has hecho maravillas. Desde
tiempos antiguos tus planes son fieles y seguros.*
ISAÍAS 25.1 NVI

Dios tiene una «tierra prometida» para todos nosotros, un maravilloso plan para nuestras vidas. Lleva la cuenta y registro de su fidelidad en tu vida en el pasado, porque Dios ya te ha manifestado sus maravillosos planes de muchas maneras. Luego, en oración, visualiza tu futuro viaje con él. Registra en un diario los maravillosos planes de Dios que él desarrolla día a día. Encontrarás que Dios es fiel en los aspectos más pequeños de tu vida y merece toda tu confianza.

*Oh Señor, ayúdame a llevar la cuenta
y registro de tu fidelidad, y a confiar en
tu fidelidad en el futuro. Porque tú eres
mi Dios, y has hecho cosas maravillosas,
planeadas mucho tiempo atrás. Amén.*

Salvavidas

Este es mi consuelo en medio del dolor:
que tu promesa me da vida.
SALMOS 119.50 NVI

En las dificultades de la vida, Dios es nuestro salvavidas. Cuando las olas de problemas nos golpean, podemos esperar que Dios nos entienda y nos consuele en nuestra angustia. Su Palabra, como un salvavidas, nos sostiene en los malos tiempos. Pero el salvavidas solo funciona si te lo pones *antes* de que tu barco se hunda. Dios te rodeará con su amor y protección, aunque no estés consciente de su presencia. Él promete mantenernos a flote en las tormentas de la vida.

Dios que nos salva, me aferro a ti como
mi salvavidas. Mantenme a flote, para no
ahogarme, sobre las aguas turbulentas del
cuidar de otros. Llévame a salvo a la orilla.

Una sombra del pasado

Solo se salvarán la prostituta Rajab y los que se encuentren en su casa, porque ella escondió a nuestros mensajeros.
JOSUÉ 6.17 NVI

Rajab no estaba atrapada por su pasado. Este no la detuvo. Dios la usó. Su nombre ha llegado a nosotros a través de los siglos por la audacia de su fe. Todos tenemos que lidiar con un pasado. Pero Dios puede sacar bien de un pasado doloroso. Por la gracia y el poder de Dios, podemos tomar decisiones en el presente que pueden afectar nuestro futuro. Con Dios hay un poder de transformación. Tenemos esperanza, no importa lo que haya en nuestro pasado.

Espíritu Santo, siempre estás obrando. ¡No te detengas! Muéstrame un nuevo camino, Señor. Ayúdame a tomar decisiones más saludables para mí y mi familia. Gracias por tu presencia renovadora en mi vida.

Pulsera de charms

Mas el fruto del Espíritu es amor, gozo,
paz, paciencia, benignidad, bondad,
fidelidad, mansedumbre, dominio propio;
contra tales cosas no hay ley.
GÁLATAS 5.22-23 LBLA

Una pulsera de *charms* puede servir para conmemorar hitos o acontecimientos especiales. Piensa en tu pulsera espiritual. Si tuvieras una para representar tu crecimiento en cada uno de los rasgos de Gálatas 5, ¿cuántos de estos rasgos podrías añadir a tu pulsera para representar ese progreso? Pregúntale a tu Padre qué áreas de tu andar cristiano necesitan más crecimiento. ¿Necesitas desarrollar más esos rasgos antes de sentirte cómoda poniéndote la pulsera?

Señor, por favor, muéstrame en qué hitos de
la vida cristiana debo poner la mirada para
tener las marcas completas del Espíritu Santo
en mi vida. Por favor, ayúdame a ser la mujer
cristiana que tú me llamas a ser. Amén.

Sube a la barca de Dios

Y, como no tenían tiempo ni para comer, pues era tanta la gente que iba y venía, Jesús les dijo: —Vengan conmigo ustedes solos a un lugar tranquilo y descansen un poco. Así que se fueron solos en la barca a un lugar solitario.

MARCOS 6.31-32 NVI

Los apóstoles ministraban tanto que apenas tenían tiempo para comer. El Señor vio que no habían dedicado tiempo para sí mismos. Como era sensible a sus necesidades, les dijo que se fueran con él a un lugar de descanso donde ministrarles. A menudo permitimos que el ajetreo de la vida diaria nos agote física y espiritualmente y nos privamos del tiempo a solas para orar y leer la Palabra de Dios. Dios espera pacientemente. ¡Así que tal vez es hora de ir en la barca de Dios a un lugar más tranquilo!

Padre celestial, en mi ajetreada vida, he descuidado el tiempo de estar a solas contigo. Ayúdame a subir a tu barca y a mantenerme a flote pasando tiempo en tu Palabra y en oración. Amén.

Un hijo necesitado

Mi mano hizo todas estas cosas, y así todas estas cosas fueron, dice Jehová; pero miraré a aquel que es pobre y humilde de espíritu, y que tiembla a mi palabra.
ISAÍAS 66.2 RVR1960

Un humilde hijo de Dios necesitado llama su atención. Aunque siempre nos cuida a todos, su atención se dirige al hijo que lo necesita. Podemos necesitar perdón, sabiduría, valentía, resistencia, paciencia, salud, protección, o incluso amor. Dios promete venir en nuestra ayuda cuando nos ve levantar la mano para pedir su ayuda. ¿Qué necesidades tienes hoy en tu vida? Levanta tu mano en oración a Dios. Él se ocupará de tus necesidades y luego te bendecirá en formas que no puedes ni imaginar.

Padre, gracias por preocuparte por las necesidades de tus hijos. Ayúdame a recordar que te busque siempre a ti primero.

El secreto de la serendipia

El corazón alegre se refleja en el rostro.
PROVERBIOS 15.13 NVI

¿Recuerdas la última vez que te reíste a carcajadas? Mejor aún, ¿cuándo fue la última vez que hiciste algo divertido, extravagante o fuera de lo común? Tal vez algo que no has hecho desde que eras niña, como deslizarte por un tobogán de agua, ponerte unos patines de hielo, o armar una tienda y acampar toda la noche. Un corazón contento convierte las situaciones de la vida en oportunidades de diversión. Cuando buscamos placeres inofensivos, obtenemos los beneficios de un corazón feliz. Así que date algún antojo solo por diversión. Y redescubre el secreto de la serendipia.

Amado Señor, gracias a ti tengo un corazón feliz. ¡Llévame a hacer hoy algo divertido y espontáneo! Amén.

Una frase muy importante

Aconteció que...

APARECE MÁS DE 200 VECES EN LA BIBLIA REINA-VALERA

Hay momentos en la vida en los que pensamos que no podemos soportar ni un día más, ni una hora más, ni un minuto más. Pero no importa cuán mal parezcan estar las cosas en ese momento, son temporales. Lo realmente importante es cómo manejamos las oportunidades que se nos presentan en el hoy, si dejamos que nuestras pruebas nos derroten o buscamos la mano de Dios en todas las cosas. Todos los días, semanas y años están hechos de cosas que «acontecen», así que, aunque fallemos, no debemos desanimarnos. Ya vendrán otras oportunidades, días mejores. Miremos más allá de esas dificultades de hoy y glorifiquemos el nombre del Señor.

*Señor Jesús, cuán asombroso es que envíes
o permitas que sucedan estas pequeñas
cosas. Concédenos reconocer tu mano
en ellas hoy y alabarte por ellas.*

El príncipe azul

Entonces me alegraré en el SEÑOR;
estaré feliz porque él me rescata.
SALMOS 35.9 NTV

Todos estamos esperando que alguien nos rescate.
Esperamos y esperamos y esperamos... Lo cierto es
que Dios no quiere que vivas en un estado perpetuo
de espera. Vive tu vida, toda, buscando la alegría
diaria en el Salvador de tu alma, Jesucristo. Y esta
es la mejor noticia de todas: ¡él ya ha realizado el
rescate al morir en la cruz por nuestros pecados!
Él es el *verdadero* príncipe azul, que garantizó tu
eternidad en el cielo. ¡Deja de esperar, busca su
rostro hoy!

Jesús, te alabo porque eres el que rescata
mi alma. Recuérdame esta realidad cuando
busque alivio en otras personas y lugares.
Tú te ocupas de mis necesidades presentes y
eternas, y por eso te estoy agradecida. Amén.

¿Alguien escucha?

*Entonces Yo rogaré al Padre, y Él
les dará otro Consolador para que
esté con ustedes para siempre.*
JUAN 14.16 NBLA

Nuestro Padre celestial quiere oír de nosotros. Le importamos tanto que envió al Espíritu Santo para ser nuestro Consejero, nuestro Consolador. Cuando oramos, cuando le contamos a Dios nuestras necesidades y le alabamos, él nos escucha. Luego dirige al Espíritu dentro de nosotros para hablar a nuestros corazones y tranquilizarnos. Nuestro mundo está lleno de ruido y distracciones. Busca un lugar donde puedas estar tranquila por unos minutos. Respira hondo, eleva tus oraciones y escucha. Dios hablará y tu corazón escuchará.

*Amado Señor, te doy gracias por tus cuidados.
Ayúdame a reconocer tu voz y a escuchar bien.*

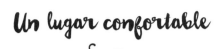

Un lugar confortable

*¿No se dan cuenta de que su cuerpo
es el templo del Espíritu Santo, quien
vive en ustedes y les fue dado por Dios?
Ustedes no se pertenecen a sí mismos.*

1 Corintios 6.19 NTV

Cuando sabemos que viene visita, dedicamos tiempo a hacer que nuestras casas luzcan confortables y hermosas. De la misma manera, debemos preparar nuestros corazones para el Espíritu Santo, que vive dentro de nosotros. Deberíamos pedirle a Dios cada día que nos ayude a limpiar la basura de nuestros corazones. Debemos tener especial cuidado en mantener bien nuestro cuerpo con ejercicio, comiendo alimentos saludables y vistiéndonos de forma atractiva y sencilla. Nuestro cuerpo le pertenece a Dios. Cuidar de nosotras mismas les muestra a los demás que honramos a Dios lo suficiente como para respetar y usar sabiamente lo que él nos ha dado.

*Amado Señor, gracias por dejar que te
pertenezca. Que mi cuerpo sea un lugar
en el que te sientas cómodo. Amén.*

Una cosa es necesaria

—Marta, Marta —le contestó Jesús—, estás inquieta
y preocupada por muchas cosas, pero solo una
es necesaria. María ha escogido la mejor.
LUCAS 10.41-42 NVI

Cada una de nosotras recibe veinticuatro horas cada
día. Einstein y Edison no recibieron más que José y
Jeremías en el Antiguo Testamento. Puesto que Dios
nos ha bendecido a cada una con veinticuatro horas,
busquemos su dirección para emplear este bien tan
valioso con sabiduría: dando más a las personas que
a las cosas, pasando más tiempo en las relaciones
que en el trajín diario. En Lucas, nuestro Señor le
recordó a la querida, obstinada y agotada Marta
que solo una cosa es necesaria: él.

*Padre nuestro, con frecuencia me quedo
atrapada en las minucias de la vida. La ropa
apilada puede parecer más importante que
los preciosos hijos que me has dado. Ayúdame
a usar mi tiempo con sabiduría. Abre mis ojos
para ver lo que es realmente importante.*

¿Quién ayuda al ayudador?

Jehová es mi fortaleza y mi escudo: En él esperó mi corazón, y fui ayudado; por lo que se gozó mi corazón, y con mi canción le alabaré.
SALMOS 28.7 RVA

Ayudar puede ser agotador. Las necesidades de los niños, adolescentes, nietos, padres ancianos, vecinos y hermanos de la iglesia —la lista es interminable— pueden tensarnos hasta el límite. Entonces descubrimos que *necesitamos* ayuda. ¿Quién ayuda al ayudador? El Señor. Cuando somos débiles, él es fuerte. Cuando somos vulnerables, él es nuestro escudo. Cuando ya no podemos confiar en nuestros propios recursos, podemos confiar en él. Él siempre está ahí, listo para ayudar. Regocíjate en él y alaba su nombre, y hallarás la fuerza para seguir adelante.

Padre, estoy agotada. No puedo cuidar yo sola de todas las personas y necesidades que traes a mi vida. Necesito tu fuerza. Gracias por ser mi ayuda y mi escudo.

Engrandecer la vida

En Jehová se gloriará mi alma; lo oirán los
mansos, y se alegrarán. Engrandeced a Jehová
conmigo, y exaltemos a una su nombre.
<small>SALMOS 34.2-3 RVR1960</small>

María, la madre de Jesús, sabía que era objeto del favor y la misericordia de Dios. Saber eso le trajo humildad. Por mucho que lo intentemos, no podemos producir esta humildad en nosotros mismos. Es nuestra tendencia natural a promovernos a nosotros mismos... para mejorar nuestra reputación. Necesitamos la ayuda del Espíritu para recordarnos que Dios nos ha favorecido a cada uno de nosotros con su presencia. Él no tenía por qué venir a nosotros en Cristo, pero lo hizo. Dios ha elegido poner su amor en nosotros. Su vida redimió la nuestra, y nos santifica. Somos receptores de la acción de su gracia.

Cristo Jesús, ayúdame a recordar lo
que has hecho por mí y a desear que
otros te vean y te conozcan.

No más aguijón

¿Dónde está, oh muerte, tu aguijón?
¿dónde, oh sepulcro, tu victoria?
1 Corintios 15.55 RVA

Tenemos que tomar una decisión. Podemos vivir la vida con temor o vivirla con fe. El temor y la fe no pueden coexistir. Jesucristo ha vencido a nuestro mayor temor: a la muerte. Resucitó en victoria y nos ha dado la vida eterna por medio de la fe. Conocer esta verdad nos permite enfrentarnos con valentía a nuestros temores. No hay temor que no pueda ser vencido por la fe. No nos dejemos llevar por el pánico, confiemos en el Señor. Vivamos por fe y experimentemos la victoria que hemos recibido por medio de Jesucristo nuestro Señor.

Señor, solo tú conoces mis temores. Ayúdame
a confiar más en ti. Haz que camine en la
victoria que conseguiste para mí. Amén.

Bien regado

*El SEÑOR te guiará siempre; te saciará en
tierras resecas, y fortalecerá tus huesos.
Serás como jardín bien regado, como
manantial cuyas aguas no se agotan.*
ISAÍAS 58.11 NVI

Necesitamos un aguacero de la Palabra de Dios y la presencia del Espíritu Santo en nuestro espíritu seco. No una llovizna ocasional, sino empapar nuestra alma para reponer nuestro cuerpo agotado y nuestra mente cansada. Sabemos que para empaparnos necesitamos estudiar con consistencia la Biblia, desprendernos del pecado confesado y pasar tiempo en oración. Esto produce un jardín bien regado, fructífero y exuberante, que refleja la belleza de Dios y crea una vida que atrae a los demás para que vengan y permanezcan en su refrescante presencia.

*Padre eterno, fortaléceme, guía mis caminos
y satisface mis necesidades como solo tú
puedes. Haz de mi vida un jardín bien regado,
fructífero para ti y para tus propósitos. Amén.*

Una oferta mejor

Así que en todo traten ustedes a los demás tal
y como quieren que ellos los traten a ustedes.
MATEO 7.12 NVI

Jesús se tomaba en serio las responsabilidades, los compromisos y las obligaciones. De hecho, dijo: «Cuando ustedes digan "sí", que sea realmente sí; y, cuando digan "no", que sea no. Cualquier cosa de más, proviene del maligno (Mateo 5.37 NVI). Satanás quiere que estemos estresadas, sobrecargadas y que no podamos hacer nada bien. A Satanás le encanta cuando tratamos a los demás de una forma desagradable y ofensiva. Sin embargo, si se lo pedimos, Dios nos ayudará a priorizar nuestros compromisos para que nuestro «sí» sea «sí» y nuestro «no» sea «no». Entonces, en todo lo que hacemos, seremos libres para hacer a los demás lo que nos gustaría que nos hicieran a nosotras.

Señor, por favor, ordena las prioridades de mis
compromisos para poder hacer a los demás lo
que desearía que me hicieran a mí. Amén.

Pon una cara feliz

*Confortará mi alma; guiaráme por sendas
de justicia por amor de su nombre.*
SALMOS 23.3 RVA

Nuestro Dios no es un Dios de negatividad, sino de posibilidad. Él nos guiará por nuestras dificultades y más allá de ellas. Hoy deberíamos dirigir nuestros pensamientos y oraciones hacia él. Concéntrate en un himno o una alabanza y cántala mentalmente. La alabanza ahuyenta el desánimo y nos hace sonreír. Con un espíritu renovado de optimismo y esperanza podemos darle gracias al Dador de todo lo bueno. La gratitud hacia el Padre puede convertir nuestras sonrisas forzadas en sonrisas reales y, como dice el salmo, nuestras almas serán restauradas.

*Padre, hoy estoy deprimida. Eres mi
fuente inagotable de fuerza. Acógeme
en tus brazos para siempre. Amén.*

Paso a paso

Con tu apoyo me lanzaré contra un ejército;
contigo, Dios mío, podré asaltar murallas.
SALMOS 18.29 NVI

A menudo nos desanimamos cuando nos enfrenta-
mos a una tarea colosal. Ya sea perder peso o conseguir un título de postgrado o cumplir con nuestros
impuestos, algunas cosas parecen imposibles. Y a
menudo *no* se pueden hacer, no todas a la vez. Esta
clase de tareas es mejor enfrentarlas paso a paso.
Gramo a gramo. Erosionando la montaña en lugar
de moverla de una sola vez. Con paciencia, perse-
verancia y la ayuda de Dios, tus objetivos pueden
ser más alcanzables de lo que crees.

Padre amado, la tarea que tengo por
delante parece imposible. Pero sé que con
tu ayuda puedo hacerla. Haz que confíe
en ti a cada paso del camino. Amén.

Imagen de espejo

He aquí que tú eres hermosa, amiga mía;
he aquí que eres bella: tus ojos de paloma.
CANTAR DE LOS CANTARES 1.15 RVA

No importa cuánto lo intentemos, cuando se pone el foco en una misma, vemos defectos. Nuestra única esperanza es vernos a través de un espejo diferente. Debemos recordar que a medida que crecemos como cristianas adquirimos las características de Cristo. Cuanto más nos parecemos a él, más bellas somos a nuestros ojos y a los de quienes nos rodean. A Dios le encanta contemplarnos cuando estamos cubiertas de Cristo. La imagen que ve en el espejo no muestra ninguna de las manchas o imperfecciones, solo la belleza.

Oh Dios, gracias por tenerme por justa y valiosa.
Ayúdame a verme a través de tus ojos. Amén.

Detente y considera

Espera un poco, Job, y escucha; ponte a pensar
en las maravillas de Dios. ¿Sabes cómo controla
Dios las nubes, y cómo hace que su relámpago
deslumbre? ¿Sabes cómo las nubes, maravillas del
conocimiento perfecto, se mantienen suspendidas?
JOB 37.14-16 NVI

«Espera un poco [...]; ponte a pensar en [mis] maravillas», le dijo Dios a Job. Luego hizo que Job se
fijara en los elementos ordinarios de la naturaleza
que le rodeaba, las nubes suspendidas en el cielo,
los relámpagos. «No tan ordinarios» fue la lección de
Dios. Tal vez estaba tratando de recordarnos que no
existe lo ordinario. Abramos los ojos y contemplemos
las maravillas que nos rodean.

Oh Padre, enséñame a detenerme y
considerar los momentos ordinarios de mi
vida como recordatorios de ti. Ayúdame a
no pasar por alto tus cuidados y provisiones
diarias que rodean mi día. Amén.

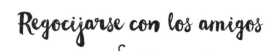

Regocijarse con los amigos

Al llegar, reúne a sus amigos y vecinos,
y les dice: «Alégrense conmigo; ya encontré
la oveja que se me había perdido».

LUCAS 15.6 NVI

Piensa en todos los motivos de celebración que tienes. ¿Tienes buena salud? ¿Has superado un obstáculo difícil? ¿Manejas tus finanzas sin graves contrariedades? ¿Te va bien en tu trabajo? ¿Te relacionas con tus amistades y con la familia? Si es así, entonces haz una fiesta e invita a una amiga. Mejor aún, llama a tus amigos y vecinos, como dice este pasaje. Comparte tus alabanzas con personas que valoren de verdad todo lo que el Señor está haciendo en tu vida. ¡Que empiece la fiesta!

Señor, gracias por haberme creado a imagen y
semejanza de un Dios que sabe celebrar. Tengo
muchísimas razones para alegrarme. Gracias
por tus muchas bendiciones. Y hoy quiero
agradecerte especialmente por darme amistades
con las que compartir mis alegrías y tristezas.

¿Por qué yo?

Yo soy el Alpha y la Omega, principio
y fin, dice el Señor, que es y que era y
que ha de venir, el Todopoderoso.
APOCALIPSIS 1.8 RVA

Cuando Dios llamó a la existencia a nuestro mundo, hizo que existiera una realidad determinada, y conocía todo lo que iba a suceder y todo lo que iba a ser. ¡Que tú existas ahora es motivo de regocijo! ¡Dios *te* hizo para que tengas comunión con él! Si esa comunión te exige pruebas durante un tiempo, regocíjate porque Dios te considera digna de compartir los sufrimientos de Cristo y, al final, de su gloria. ¡Alabado sea su santo nombre!

Padre, gracias por darme este momento difícil
en mi vida. Brilla tú en todas mis pruebas
de hoy. Quiero que sea para ti la gloria.

La fe, el equilibrador emocional

Mas por cuanto por la ley ninguno se justifica para con Dios, queda manifiesto: Que el justo por la fe vivirá.
GÁLATAS 3.11 RVA

Las emociones engañan. Un día luce prometedor y nos levantamos cantando, mientras que el siguiente se oscurece de desesperación y preferimos escondernos bajo las sábanas. Se ha dicho que la fe es el pájaro que siente la luz y canta para saludar al amanecer mientras aún está oscuro. La Biblia nos dice que vivamos por fe, no guiados por los sentimientos. La fe nos asegura que la luz del día saldrá en nuestros momentos más oscuros, y confirmará la presencia de Dios, de modo que nuestro ánimo se entrega al canto.

Padre celestial, deseo que sea mi fe, no mis emociones, la que dicte mi vida. Dame equilibrio en mis días de esconderme bajo las sábanas, para poder entregarme a ti con una canción. Amén.

Escoge la vida

El ladrón no viene más que a robar, matar
y destruir; yo he venido para que tengan
vida, y la tengan en abundancia.
JUAN 10.10 NVI

La Palabra de Dios nos muestra la mentira, y al «mentiroso», que hay tras los pensamientos derrotistas. Tenemos un enemigo que se deleita en nuestras creencias negativas, que solo quiere la destrucción de nuestras almas. ¡Pero Jesús vino a darnos vida! Solo tenemos que elegirla, en un acto de voluntad y de fe. Cuando dependemos solo de él, nos permite no solo sobrevivir, sino también *prosperar* en nuestra rutina diaria. Tomemos cada día la decisión consciente de apropiarnos de lo que Cristo nos ofrece: vida en toda su plenitud.

Dios de amor, ayúdame cada día a elegirte
a ti y la vida que quieres darme. Dame
los ojos de la fe para confiar en que me
capacitarás para servir con amor.

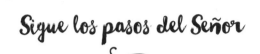

Sigue los pasos del Señor

*«Vengan, síganme —les dijo Jesús—, y
los haré pescadores de hombres».*
MATEO 4.19 NVI

Jesús pidió a sus discípulos que lo siguieran, y nos
pide a nosotros que hagamos lo mismo. Seguir a
Jesús requiere seguirlo muy de cerca. Tenemos que
estar tan cerca que podamos escuchar su susurro.
Mantente cerca de su corazón abriendo la Biblia
cada día. Deja que su Palabra le hable a tu corazón
y te guíe. A lo largo del día, ora para que te dé dirección y sabiduría. Mantente en sintonía con él,
y su presencia cercana te bendecirá sin medida.

*Amado Señor, concédeme el deseo de seguirte.
Ayúdame a no adelantarme ni atrasarme. Amén.*

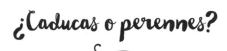

¿Caducas o perennes?

Son como árboles plantados a la orilla
de un río, que siempre dan fruto en su
tiempo. Sus hojas nunca se marchitan,
y prosperan en todo lo que hacen.
SALMOS 1.3 NTV

¿Caducas o perennes? Cada uno tiene sus ventajas. Las caducas son baratas, aportan una gratificación instantánea y evitan el aburrimiento. Las plantas perennes requieren una inversión inicial, pero, si se cuidan de la forma adecuada, aportan fielmente su belleza año tras año, después de que las caducas se hayan secado y marchitado. Las plantas perennes están diseñadas para durar, no solo para disfrutarlas a corto plazo, sino también para la belleza a largo plazo. Esto tiene una doble aplicación para nuestras vidas. En primer lugar, seamos perennes: duraderas, de crecimiento lento, constante y fiel. En segundo lugar, no nos desanimemos por nuestras inevitables temporadas de inactividad. Cuida tu alma y como resultado tendrás años de exuberantes flores.

Padre, sé tú el jardinero de mi alma. Amén.

¿Has mirado hacia arriba?

Los cielos proclaman la gloria de Dios y el firmamento despliega la destreza de sus manos. Día tras día no cesan de hablar; noche tras noche lo dan a conocer.
SALMOS 19.1-2 NTV

Dios ha puesto por todo nuestro mundo vislumbres de la majestad de la creación, evidencia de su amor. Atardeceres, conchas marinas, flores, copos de nieve, cambios de estación, sombras iluminadas por la luna. ¡Tenemos tales glorias delante todos los días! Pero debemos desarrollar la visión para percibir estos recordatorios en nuestra vida diaria y no dejar que las preocupaciones y quehaceres de la vida nos hagan bajar la cabeza. ¿Has mirado hacia arriba hoy?

Señor, ¡abre mis ojos! ¡Destapa mis oídos! Enséñame a ver las maravillas de tu creación cada día y a señalárselas a mis hijos.

Sin tacha

*Al único Dios, nuestro Salvador, que
puede guardarlos para que no caigan,
y establecerlos sin tacha y con gran
alegría ante su gloriosa presencia.*

JUDAS 1.24 NVI

Jesús nos ama mucho a pesar de nuestros defectos. Él es quien puede evitar que caigamos, el que puede presentarnos sin tacha ante el Padre. Por eso podemos ver restaurada nuestra alegría pase lo que pase. Ya sea que hayamos hecho el mal y lo hayamos negado o que hayamos sido acusadas en falso, podemos venir a su presencia para ser restauradas y levantadas. Mantengamos los ojos en él y no en nuestra necesidad de justificarnos ante Dios o ante los demás.

*Gracias, Jesús, por tu amor purificador
y por el gozo que podemos encontrar
en tu presencia. Amén.*

Reflejar a Dios en nuestro trabajo

Hagan lo que hagan, trabajen de buena gana, como para el Señor y no como para nadie en este mundo.
COLOSENSES 3.23 NVI

Como creyentes, somos hijas de Dios. Nadie es perfecto, y para esto existe la gracia. Sin embargo, puede que seamos el único reflejo de nuestro Padre celestial que algunos llegarán a ver. Nuestras actitudes y acciones en el trabajo dicen mucho a los que nos rodean. Aunque puede ser tentador hacer solo lo justo para salir adelante, cuando recordamos que representamos a Dios ante el mundo, nos esmeramos. El carácter de un cristiano en el trabajo debe ser un reflejo positivo del Señor.

Padre, ayúdame hoy a representarte bien en mi trabajo. Quiero reflejar tu amor en todo lo que hago. Amén.

Solo media taza

*Ahora vuelvo a ti, pero digo estas cosas
mientras todavía estoy en el mundo, para
que tengan mi alegría en plenitud.*
JUAN 17.13 NVI

Nuestro Padre celestial anhela otorgarnos sus más ricas bendiciones y sabiduría. Nos ama, por lo que desea llenar a rebosar nuestra copa con las cosas que sabe que nos traerán placer y crecimiento. ¿Le dices que deje de servir cuando tu taza está solo medio llena? Puede que ni siquiera te des cuenta, pero tal vez tus acciones hacen que tu copa siga medio vacía. Procura tener una copa llena y disfruta al máximo del gozo del Señor.

*Amado Jesús, perdóname por no aceptar la
plenitud de tus bendiciones y tu gozo. Ayúdame
a ver de qué maneras estoy impidiendo que mi
taza se llene hasta rebosar. Gracias por querer
que tenga la plenitud de tu alegría. Amén.*

Esconderse y buscar

¿Y tú buscas para ti grandezas? No las busques; porque he aquí que yo traigo mal sobre toda carne, ha dicho Jehová.

JEREMÍAS 45.5 RVR1960

Dios nos advierte: *No busques grandes cosas.* Cuanto más las buscamos, más escurridizas se vuelven. En cuanto creemos que las tenemos a nuestro alcance, desaparecen. Si nos comprometemos con más actividades de las que podemos atender, lo menos malo que puede pasar es que no podremos seguir adelante. Peor aún, podríamos convertir a esas cosas en nuestro dios. Jesús nos dice lo que debemos buscar: el reino de Dios y su justicia (Mateo 6.33). Cuando buscamos las cosas adecuadas, él nos da todo don bueno y perfecto (Santiago 1.17). Y será más de lo que podemos pedir o soñar.

Señor, por favor, enséñame a no buscar la grandeza sino a ti. Que seas tú el todo en toda mi vida.

Dónde, dónde, dónde

Los que viven al amparo del Altísimo encontrarán descanso a la sombra del Todopoderoso. Declaro lo siguiente acerca del SEÑOR: Solo él es mi refugio, mi lugar seguro; él es mi Dios y en él confío.

SALMOS 91.1-2 NTV

Si hay algo que te está deprimiendo, comprueba dónde estás. ¿Dónde están tus pensamientos? Que lo que el mundo te ha condicionado para pensar te entre por un oído y salga por el otro. Párate firme en la verdad, en las promesas de la Palabra de Dios. Di: «Dios es mi refugio». ¡Estoy refugiada en Cristo! Nada puede hacerme daño. ¡En él confío!». Dilo en voz alta. Dilo con frecuencia. Dilo una y otra vez hasta que se convierta en tu realidad. Y te encontrarás viviendo en ese lugar secreto en todo momento.

Dios, tú eres mi refugio. Cuando permanezco en ti, nada puede hacerme daño. Tu Palabra es la verdad en la que me apoyo. Lléname con tu luz y con la paz de tu amor. ¡Somos tú y yo, Señor, hasta el final! Amén.

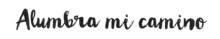

Alumbra mi camino

Tu palabra es una lámpara a mis pies; es una luz en mi sendero.
<small>Salmos 119.105 NVI</small>

La Palabra de Dios es como una lámpara. A menudo *pensamos* que sabemos a dónde vamos y dónde están los obstáculos. Creemos que podemos evitar las trampas y recorrer el camino con éxito nosotras solas. Pero la verdad es que, sin la Palabra de Dios, caminamos en la oscuridad, tropezando una y otra vez. Cuando empezamos a buscar sinceramente la Palabra de Dios, vemos que el camino se despeja. La luz de Dios nos permite vivir nuestra vida de la manera más satisfactoria posible, de la manera que Dios mismo planeó desde el principio.

Jesús, que resplandezca tu luz en mi camino. He pasado demasiado tiempo vagando por la oscuridad, buscando mi camino. Busco en tu Palabra y te pido que la conviertas en una lámpara a mis pies para que pueda evitar las trampas del mundo y andar segura por el camino que has creado para mí.

Con su poder

El Espíritu de Dios, quien levantó a Jesús de los muertos, vive en ustedes.
ROMANOS 8.11 NTV

Dios es el mismo ayer, hoy y siempre. Su fuerza no disminuye con el tiempo. El mismo poder que mueve montañas que vemos en la vida de las personas del Antiguo y del Nuevo Testamento sigue activo hoy. No tenemos que hacer las cosas solos. Nuestro Padre celestial quiere ayudarnos. Solo tenemos que pedírselo. Él ya ha puesto su poder a disposición de sus hijos. Nos enfrentemos a lo que nos enfrentemos, vayamos a donde vayamos, sea cual sea el sueño que tengamos para nuestra vida, apoyarnos en el poder de Dios nos da valor y nos hace saber que todo es posible.

Padre, ayúdame a recordar que siempre estás conmigo, listo para ayudarme en todas las cosas. Amén.

Alimento de consuelo

Porque las cosas que se escribieron antes,
para nuestra enseñanza se escribieron,
a fin de que por la paciencia y la consolación
de las Escrituras, tengamos esperanza.
ROMANOS 15.4 RVR1960

Romanos 15.4 nos dice que las Escrituras son alimento de consuelo para el alma. Se escribieron y nos fueron dadas para que aprendiendo de ellas fuéramos consolados con las verdades de Dios. Los placeres mundanos traen un consuelo temporal, pero el problema sigue ahí cuando se desvanecen el placer o el consuelo. Sin embargo, la Palabra de Dios nos tranquiliza y nos da una esperanza y una paz permanentes. Así que la próxima vez que estés triste, sola o decepcionada, acude a la fuente de consuelo de la Palabra de Dios.

Gracias, Padre, por el rico consuelo que
proporciona tu Palabra. Ayúdame a
recordar que debo hallar mi consuelo en
las Escrituras en lugar de en las cosas
terrenales que al final me fallarán. Amén.

El poder de la palabra

El Espíritu da vida; la carne no vale para nada. Las palabras que les he hablado son espíritu y son vida.

JUAN 6.63 NVI

Jesús les dijo a sus seguidores que sus palabras estaban llenas del Espíritu y de vida. Cuando escuchamos su Palabra, la meditamos, la oramos, la memorizamos y pedimos fe para creerla, él viene a nosotros en ella y transforma nuestras vidas a través de ella. Una vez que la Palabra está en nuestra mente o ante nuestros ojos y oídos, el Espíritu Santo puede obrar en nuestro corazón y conciencia. Jesús nos dijo que permaneciéramos en su Palabra: poniéndonos en un lugar donde escuchar y recibir la Palabra. El resto pertenece a la hermosa y misteriosa obra del Espíritu.

Gracias, Jesús, Verbo Viviente, por cambiar mi corazón y mi mente con el poder de tu Palabra.

¿Puede Dios interrumpirte?

El corazón del hombre traza su rumbo,
pero sus pasos los dirige el SEÑOR.
PROVERBIOS 16.9 NVI

¿Nunca has pensado que tal vez las interrupciones que sufres las ha ordenado Dios? Tal vez, solo tal vez, Dios puede estar tratando de captar tu atención. No hay nada malo en planear nuestro día. Sin embargo, nuestra visión es muy limitada. Dios ve el panorama general. Sé abierta. Sé flexible. Permítele a Dios cambiar tus planes para cumplir sus propósitos divinos. En lugar de frustrarte, procura ver cómo está obrando el Señor. Debes estar dispuesta a sumarte a lo que está haciendo. Cuando obramos así, las interrupciones se convierten en bendiciones.

Amado Señor, perdóname cuando estoy tan obcecada en mis propios planes que me pierdo los tuyos. Dame tu perspectiva eterna para que pueda estar abierta a las interrupciones divinas. Amén.

Trueno maravilloso

*Dios hace tronar su voz y se producen
maravillas: ¡Dios hace grandes cosas
que rebasan nuestra comprensión!*

JOB 37.5 NVI

¿Alguna vez has reflexionado profundamente sobre el poder que es Dios? No sobre el que *tiene*, sino sobre el que *es*. Considera esto: Aquel que controla la naturaleza también tiene cada una de nuestras lágrimas en su mano. Él es nuestro Padre, y obra a nuestro favor. Él es más que suficiente para satisfacer nuestras necesidades; hace cosas que van mucho más allá de lo que nuestra mente humana puede entender. Aquel que es el poder te ama a ti. Te mira y dice: «Me deleito en ti, hija mía». ¡Tremendo! Sus caminos son maravillosos y van más allá de toda comprensión.

Señor y Dios, tú eres el poder. Tienes todas las cosas en tu mano, y elegiste amarme. Ves mis acciones, escuchas mis pensamientos, observas mis angustias... y aun así me amas. Por favor, ayúdame a confiar en tu poder, nunca en el mío.

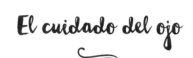

El cuidado del ojo

Porque así ha dicho Jehová de los ejércitos:
... el que os toca, toca a la niña de su ojo.
ZACARÍAS 2.8 RVR1960

Es tremendo pensar que somos la niña de los ojos de Dios. Imagina el cuidado que debe de tener por nosotras. Hará todo lo posible para protegernos de cualquier daño. Cuando algo o alguien nos ataca, Dios siente nuestro dolor. Él es consciente al instante de nuestro malestar, porque es el suyo. Cuando llegan las tormentas de la vida, debemos recordar que Dios siente cada punzada de sufrimiento. Pese a la adversidad, podemos alabar a Dios, porque él es nuestro refugio.

Gracias, Dios, por estar tan consciente de lo que
me pasa. Gracias por tu protección. Amén.

El santuario del monte de Dios

*Y viendo las gentes, subió al monte; y
sentándose, se llegaron a él sus discípulos.
Y abriendo su boca, les enseñaba.*
MATEO 5.1-2 RVA

Jesús se retiraba al monte para orar. Se llevaba
allí a sus discípulos aparte de las multitudes para
poder enseñarles verdades valiosas: las lecciones
que aprendemos de la naturaleza. ¿Anhelas tener
un lugar donde los problemas se evaporen como el
rocío de la mañana? ¿Necesitas un lugar de alivio?
Dios está dondequiera que estés: tras la puerta del
dormitorio, sentado a tu lado en tu silla favorita,
o incluso de pie junto al fregadero lleno de platos
sucios. Ven y entra en el santuario del monte de Dios.

*Padre celestial, anhelo escuchar tu voz
y andar por el camino que tú abres ante
mí. Ayúdame a encontrar un santuario
en tu presencia permanente. Amén.*

Una ofrenda fragante

Por tanto, imiten a Dios, como hijos muy
amados, y lleven una vida de amor, así como
Cristo nos amó y se entregó por nosotros como
ofrenda y sacrificio fragante para Dios.
EFESIOS 5.1-2 NVI

Si llevamos el aroma de Cristo en nuestro andar diario, las personas se sentirán atraídas por nosotras y querrán «quedarse por un tiempo». ¿Pero cómo desprender esa asombrosa y tentadora fragancia? En realidad, solo hay una forma: imitando a Dios. Amando de lleno a los demás. Viéndolos a través de los ojos de Dios. Mirando con gran compasión a los que sufren, como Jesús cuando vino a sanar a los enfermos y derramar su vida por los necesitados. Cuando vivimos una vida de amor por las personas por las que nos interesamos, desprendemos la más dulce fragancia: Cristo.

Señor amado, anhelo vivir una vida que haga
que la gente mire hacia ti. Mientras cuido de
quienes lo necesitan, que el dulce aroma de tu
amor sea una invitación que atraiga a la gente.

Obra maestra

*Tú creaste las delicadas partes internas de mi
cuerpo y me entretejiste en el vientre de mi madre.*
SALMOS 139.13 NTV

En el momento de tu concepción, se tomaron unos
tres millones de decisiones acerca de ti. Todo, desde
el color de tus ojos hasta la forma de tu nariz y el
trazo de tus huellas digitales, quedó determinado en
un abrir y cerrar de ojos. Dios es un Dios grande. In-
sondable. Incomparable. Francamente, las palabras
no le hacen justicia. Y fue él quien *te* hizo. Te entre-
tejió un Dios único y asombroso que está absoluta,
innegable y exageradamente enamorado de ti. A
ver si puedes entenderlo en todas sus dimensiones.

*Padre Celestial y Creador, gracias por el
asombroso regalo de la vida, por hacerme
única y particular. Ayúdame a usar mi vida
como un don de alabanza a ti. Amén.*

¿Qué tal un poco de diversión?

Los ojos radiantes alegran el corazón;
las buenas noticias dan nuevas fuerzas.
PROVERBIOS 15.30 DHH

Dios no quiere que sus hijas estemos agotadas y estresadas. Un poco de relax, ocio y, sí, diversión son elementos esenciales en una vida equilibrada. Incluso Jesús y sus discípulos vieron necesario alejarse de las multitudes y de las presiones del ministerio para descansar. Hay muchas posibilidades de diversión: jugar tenis o golf, hacer *footing*, nadar, pintar, tejer, tocar un instrumento, visitar una galería de arte, disfrutar de un juego de mesa, o ir al cine, a una obra de teatro o a un partido de fútbol. ¿Te has divertido esta semana?

Señor, tú eres el que da equilibrio a mi vida.
Ayúdame a encontrar tiempo hoy para un poco
de relax, ocio e incluso diversión. Amén.

Damas en espera

¿Queremos el gozo sin aceptar la angustia? ¿Paz sin experimentar el estrés? ¿Paciencia sin enfrentar exigencias? Dios ve las cosas de manera diferente. Él nos da la oportunidad de aprender por medio de estas demoras, molestias y luchas. Igual que Isaías, necesitamos aprender el arte de esperar en Dios. Él vendrá en cualquier momento, pero en su tiempo, no en el nuestro. La espera puede ser de horas o días, o de años. Pero Dios siempre es fiel para proveernos. Cuando aprendemos a esperar en él, encontramos alegría, paz y paciencia en medio de la lucha.

Padre, tú sabes lo que necesito, así que
esperaré. Ayúdame a ser paciente, a saber
que tú controlas mi situación y que todas
las cosas buenas vienen a tu tiempo.

Cuando contemplo tus cielos

Cuando contemplo tus cielos, obra de tus dedos, la luna y las estrellas que allí fijaste, me pregunto: «¿Qué es el hombre, para que en él pienses? ¿Qué es el ser humano, para que lo tomes en cuenta?».

<small>SALMOS 8.3-4 NVI</small>

Hija de Dios, tú eres importante para tu Padre celestial, más importante que el sol, la luna y las estrellas. Fuiste creada a imagen de Dios, y él se preocupa por ti. De hecho, le importas tanto que envió a su Hijo, Jesús, para ofrecer su vida como sacrificio por tus pecados. La próxima vez que mires a los cielos, la próxima vez que exclames *ooh* y *aah* ante una majestuosa montaña o ante las olas esmeralda que chocan contra la orilla, recuerda que esas cosas, en todo su esplendor, ni siquiera se acercan a lo que eres tú: la creación más grande de Dios.

Oh, Padre, ¿quién soy yo para que siquiera pienses dos veces en mí? Y aun así lo haces. Me amas, y por eso te estoy eternamente agradecida.

El Hacedor de los sueños

*«Ningún ojo ha visto, ningún oído ha escuchado,
ninguna mente humana ha concebido lo que
Dios ha preparado para quienes lo aman».*

1 CORINTIOS 2.9 NVI

Los sueños, metas y expectativas forman parte de
nuestra vida diaria. Tenemos una idea de lo que
queremos y de cómo conseguirlo. Cuando lo que
queríamos, lo que esperábamos, no sucede como
pensábamos ni tan rápido como lo planeamos, la
decepción puede asomar su desagradable cabeza.
Dios sabe qué sueños ha puesto dentro de ti. Él te
creó y conoce lo que puedes hacer, incluso mejor
de como tú te conoces a ti misma. Mantén tu mirada
puesta no en el sueño, sino en el Hacedor de los
sueños, y juntos alcanzarán tu sueño.

*Dios, gracias por poner sueños en mi
corazón. Me niego a renunciar a ellos. Te
estoy buscando para que me muestres
cómo alcanzar mis sueños. Amén.*

Una fiesta celestial

Les digo que así es también en el cielo:
habrá más alegría por un solo pecador
que se arrepienta que por noventa y nueve
justos que no necesitan arrepentirse.

LUCAS 15.7 NVI

El Padre te organizó tu fiesta en el momento en que aceptaste a su Hijo como tu Salvador. ¿Experimentaste un anticipo de esa fiesta en la reacción de tus mentores espirituales aquí en la tierra? Como cristianos, debemos celebrar con nuestros nuevos hermanos y hermanas en Cristo cada vez que podamos. Si aún no has dado ese paso en tu fe, ¡no esperes! Los organizadores de fiestas celestiales están ansiosos por comenzar la celebración.

Padre, te doy muchas gracias porque te regocijas
con los nuevos cristianos. Refuerza mi deseo
de alcanzar a los perdidos mientras estoy en
este mundo. Así, cuando llegue al cielo, ¡las
fiestas celestiales serán mejores! Amén.

Elegir con sabiduría

Nuestra boca se llenó de risas.
<small>SALMOS 126.2 NVI</small>

Las mujeres a menudo planeamos eventos familiares perfectos solo para descubrir cuán imperfectas pueden resultar las cosas. El suflé se desinfla, el gato salta sobre el mostrador y lame la bola de queso, el pequeño Johnny deja caer la bandeja de cristal de la tía Martha (llena de salsa, por supuesto). La Biblia dice que Sara se rio en el momento más inesperado y dramático de su vida: cuando Dios le anunció que tendría un bebé a los noventa años (Génesis 18.12). En este imprevisto giro de los acontecimientos, podría haber reído, llorado o salido corriendo y gritando. Eligió reír.

*Señor, danos un poco más de gracia y paz
para reírnos de los dilemas inesperados
que surgen y para recordar que podemos
elegir cómo reaccionamos. Amén.*

¡Chequeo de ansiedad!

*No se inquieten por nada; más bien, en toda
ocasión, con oración y ruego, presenten
sus peticiones a Dios y denle gracias.*

FILIPENSES 4.6 NVI

Es natural comprobar que hemos cerrado la puerta
y apagado el horno. Entonces, ¿por qué olvidamos
comprobar algunas de las cosas más importantes?
Tomemos la ansiedad, por ejemplo. ¿Cuánto hace
que no te haces un chequeo de ansiedad? ¿Días?
¿Semanas? ¿Meses? Después de todo, se nos manda no estar ansiosos por nada. Más bien, debemos
presentar nuestras peticiones a Dios con acción de
gracias en nuestros corazones. Debemos acudir a él
en oración para que lleve nuestras cargas. Cuando
ya nos las ha quitado, ¡dile adiós a la ansiedad!

*Padre, a veces me pongo ansiosa. Y no siempre
me acuerdo de acudir a ti con mi ansiedad. De
hecho, me olvido totalmente de chequearla.
Hoy te entrego mis ansiedades. Gracias
por poder presentarte mis peticiones.*

Personas difíciles

*No uséis la libertad como pretexto para la carne,
sino servíos por amor los unos a los otros.*
GÁLATAS 5.13 LBLA

A veces, como David, necesitamos entregarle al
Señor nuestros enfrentamientos con otras personas.
Luego, usando nuestras armas —la Palabra de Dios
y una fe firme—, tenemos que amar y perdonar a
los demás como Dios hace con nosotras. Aunque
no nos guste admitirlo, *todas* hemos dicho y hecho
cosas más bien horribles, y le hemos complicado la
vida a otros. Sin embargo, Dios nos ha perdonado
y sigue amándonos. Así que haz lo correcto. Saca
tus pies del fango de la falta de perdón, evita los
desquites verbales y mantente firme en la libertad
del amor y el perdón.

*Padre, estoy herida y sangrando por las palabras
y acciones de otras personas. El perdón y el amor
parecen ser lo último en que pienso. Cambia mi
corazón, Señor. Ayúdame a amar y perdonar a los
demás como tú me amas y perdonas a mí. Amén.*

Un corazón fuerte

¿A quién tengo en el cielo sino a ti? Si estoy contigo, ya nada quiero en la tierra. Podrán desfallecer mi cuerpo y mi espíritu, pero Dios fortalece mi corazón; él es mi herencia eterna.
SALMOS 73.25-26 NVI

No hace falta que seas fuerte. En tu debilidad brilla la fuerza de Dios. Y su poder sobrepasa todo lo que tú puedas conseguir, incluso en tu mejor día. Es el mismo poder que creó los cielos y la tierra. El mismo que separó las aguas del mar Rojo. Y el mismo que recorrió el camino cuesta arriba hacia la cruz. Entonces, ¿cómo beneficiarse de ese poder? En realidad, solo hay una manera. Viniendo a su presencia. Pasa un tiempo en calma con él. Deja que te abrace con sus fuertes brazos. Dios es todo lo que necesitas.

Padre, a veces me siento muy débil. Me cuesta dar un paso más. Pero sé que tú eres mi fuerza. Fortaléceme con esa fuerza hoy, Señor.

Rey para siempre

Tú, oh Dios, eres mi rey desde hace siglos, traes salvación a la tierra.
<small>SALMOS 74.12 NTV</small>

A veces parece que todas las áreas de nuestra vida se ven afectadas por el cambio. Nada parece permanecer sin cambios. Estos cambios pueden hacer que sintamos inestabilidad en el presente e incertidumbre en cuanto al futuro. En el reino de Dios es diferente. Él es Rey ahora, como lo era en tiempos de Abraham. Su reinado continuará hasta el día en que su Hijo regrese a la tierra y de ahí a la eternidad. Podemos confiar, depender absolutamente, en su naturaleza inmutable. Halla consuelo en la inmutabilidad del Rey. ¡Él es nuestro líder ahora y para siempre!

Rey Todopoderoso, eres mi roca. Cuando se agita mi mundo y se arremolinan los cambios en torno a mí, tú eres mi ancla y mi centro de gravedad. Gracias por no cambiar nunca. Amén.

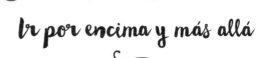

Ir por encima y más allá

Al que puede hacer muchísimo más que todo lo que podamos imaginarnos o pedir ... ¡a él sea la gloria en la iglesia y en Cristo Jesús por todas las generaciones, por los siglos de los siglos!
EFESIOS 3.20-21 NVI

Piensa por un momento... ¿Qué has pedido? ¿Qué has imaginado? Es maravilloso pensar que Dios, en su infinito poder y sabiduría, ¡puede hacer muchísimo más! ¿Cómo? Según el poder que obra en nuestro interior. No es nuestro poder, por suerte. Nosotros no tenemos suficiente poder ni para arañar la superficie de lo que nos gustaría ver hecho en nuestra vida. Pero su poder en nosotros hace el trabajo... y más! ¡Alabado sea el Señor! ¡Alabémoslo en la iglesia y por todas las generaciones! Es un Dios inconmensurable.

Padre celestial, es maravilloso ver que tienes más poder en tu dedo meñique que el que toda la humanidad puede acumular. Hoy te alabo por superar todo lo que yo podría pedir o imaginar.

Vístete de amor

*Por encima de todo, vístanse de amor,
que es el vínculo perfecto.*
COLOSENSES 3.14 NVI

Hay una prenda que siempre encaja, siempre luce bien, siempre parece apropiada y siempre nos hace más atractivas para los demás. Cuando nos la ponemos, estamos bellas. Cuando la usamos, nos volvemos más populares, más solicitadas, más admiradas. ¿Cuál es esa prenda, te preguntas, y dónde puedes comprarla? Es el amor, y no puedes comprarlo en ningún sitio. Pero es gratis, y está siempre disponible por medio del Espíritu Santo. Cuando le pedimos que nos ayude a amar a los demás, nos cubre con un hermoso manto que atrae a las personas hacia nosotras y nos hace encantadoras en todos los sentidos.

*Padre amado, cada día, mientras me visto,
ayúdame a recordar que la prenda más
importante que puedo ponerme es tu amor.*

Ruedas de alegría

Entonces me llenaré de alegría ... Porque el Señor me da fuerzas; da a mis piernas la ligereza del ciervo y me lleva a alturas donde estaré a salvo.
HABACUC 3.18-19 DHH

¿Qué pasaría si siguiéramos el consejo del salmista y diéramos volteretas de alegría en nuestros corazones, sin importar las circunstancias, y nos apoyáramos y confiáramos en que la autoridad del Señor prevalecerá? Piensa en la felicidad y la paz que podríamos disfrutar con una entrega total al cuidado de Dios. Dando un paso gigantesco, armadas con las Escrituras, la alabanza y el gozo, podemos superar cualquier obstáculo que se nos ponga delante, corriendo como un ciervo, escalando las altas montañas. Con Dios a nuestro lado, es posible ser el rey de la montaña.

Amado Señor, necesito tu ayuda. Guíame con dulzura para que aprenda a apoyarme en ti y a confiar en tu cuidado. Amén.

Pruebas y sabiduría

*Si a alguno de ustedes le falta sabiduría, pídasela
a Dios, y él se la dará, pues Dios da a todos
generosamente sin menospreciar a nadie.*

SANTIAGO 1.5 NVI

Las cosas no serán fáciles y sencillas hasta que lle-
guemos al cielo. Entonces, ¿cómo podemos levantar
la cabeza y encarar el mañana sin sucumbir al desánimo? Recordamos que Dios es bueno. Confiamos
en su fidelidad. Pedimos su presencia y paz en todo
momento. Le pedimos sabiduría y creemos que el
Dios que tiene el universo en sus manos coordina
todas nuestras pruebas y victorias para nuestro bien
y para su gloria. Este versículo de Santiago nos dice
que cuando nos falte sabiduría solo tenemos que
pedírsela a Dios ¡Ánimo, el Señor te da sabiduría
abundantemente y sin reproche!

*Señor Jesús, por favor, dame sabiduría.
Me agobian muchos problemas. Ayúdame
a entregarte todas mis cargas y a
aumentar mi fe y mi confianza en ti.*

Paso a paso

Porque por fe andamos, no por vista.
2 CORINTIOS 5.7 NBLA

Las experiencias y circunstancias de nuestra vida pueden a menudo hacernos perder el ánimo. El apóstol Pablo nos exhorta a apartar la mirada de este mundo y confiar en Dios por la fe. El diccionario Webster define la fe como firme creencia y completa confianza en algo. Cuando nuestra fe es pequeña, confiar no es una tarea fácil. Hoy mismo, agarra la Palabra de Dios y siente su presencia. Aférrate a ella y no vaciles en tus pasos. Él está a tu lado y te guiará.

Amado Padre celestial, hoy elijo agarrar tu mano y sentir tu presencia mientras recorro los caminos de mi vida. Confío en que estés a mi lado. Amén.

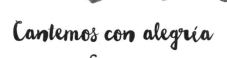

Cantemos con alegría

Vengan, cantemos al Señor con alegría;
cantemos a nuestro protector y Salvador.
Entremos a su presencia con gratitud,
y cantemos himnos en su honor.
SALMOS 95.1-2 DHH

Pocos lo tuvieron tan difícil como el rey David, que se ocultó en cuevas para esconderse de sus enemigos, o como Pablo, forzado a estar en oscuros calabozos. Sin embargo, alababan a Dios a pesar de las circunstancias. Y nuestro Dios les extendió su gracia mientras lo aclamaban en su sufrimiento. El Señor quiere oír nuestros gritos de alegría y vernos salir con regocijo. Él escucha nuestros cánticos titubeantes y los convierte en una sinfonía para sus oídos. Así que levanta tu voz y únete a la alabanza a nuestro Creador y Señor.

Amado Padre celestial, alabo tu santo nombre.
Bendito seas, Señor. Gracias por tu gracia
y misericordia para conmigo. Amén.

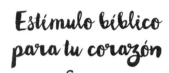

Estímulo bíblico
para tu corazón

*No se interesen tanto por la belleza externa:
los peinados extravagantes, las joyas costosas
o la ropa elegante. En cambio, vístanse con
la belleza interior, la que no se desvanece,
la belleza de un espíritu tierno y sereno,
que es tan precioso a los ojos de Dios.*
1 PEDRO 3.3-4 NTV

A Dios le preocupa lo que hay dentro. Él oye cómo respondes a los demás y observa las expresiones que eliges mostrar en tu rostro. Él ve tu corazón. El Señor desea que te vistas de un espíritu amable y tranquilo. Él declara que eso es una belleza inmarchitable, la belleza interior del corazón. Concéntrate en ella y nadie notará si tus joyas son brillantes o no. Tu rostro estará radiante con el gozo del Señor, y tu corazón rebosará de gracia y paz.

*Señor, concédeme un espíritu tranquilo y amable.
Te lo pido en el nombre de Jesús. Amén.*

El don de la oración

*Exhorto, pues, ante todo que se hagan plegarias,
oraciones, peticiones y acciones de gracias por
todos los hombres ... Porque esto es bueno y
agradable delante de Dios nuestro Salvador.*

1 TIMOTEO 2.1, 3 NBLA

Hay un gran gozo en dar regalos. Es emocionante ver la expresión gozosa del que recibe algo inesperado. El que posiblemente sea el mayor regalo que una persona puede dar a otra no viene en una caja. No se puede envolver ni presentar palpablemente, son las palabras que se le dicen a Dios por alguien, el regalo de la oración. Cuando oramos por los demás, le pedimos a Dios que intervenga y se les dé a conocer. Podemos orar por el plan y el propósito de Dios en sus vidas. Podemos pedirle a Dios que los bendiga o los proteja. ¿A quién querría Dios que le dieras hoy el regalo de orar por él o ella?

*Señor, gracias por traer a mi corazón y
a mi mente a las personas por las que
tengo que orar. Ayúdame a orar por
las cosas que ellas necesitan de ti.*

Anímense unos a otros

*Por eso, anímense y edifíquense unos
a otros, tal como lo vienen haciendo.*
1 Tesalonicenses 5.11 NVI

Animarse es más que palabras. Es también valorar, ser tolerante, servir y orar los unos por los otros. Es buscar las bondades y fortalezas de una persona y celebrarlas. Animar significa perdonar y pedir perdón sinceramente, reconocer las debilidades de alguien y tenderle una mano amiga, dar con humildad mientras se fortalece al otro, ayudar a otros a esperar en el Señor, y orar para que Dios los anime de maneras que tú no puedes. ¿A quién vas a animar hoy? Adquiere el hábito de animar a los demás. Eso los bendecirá a ellos y a ti.

*Padre celestial, abre mis ojos a aquellos
que necesitan aliento. Enséñame
cómo puedo ayudar. Amén.*

Gozosa luz

*Al cual, no habiendo visto, le amáis; en el cual
creyendo, aunque al presente no lo veáis,
os alegráis con gozo inefable y glorificado.*
1 PEDRO 1.8 RVA

Jesús es la luz del mundo. Cuando lo aceptamos,
la luz se vierte en nosotros. El Espíritu Santo viene
a residir en nuestro interior, trayendo su luz. Es un
glorioso regalo que recibimos por gracia. Cuando
somos conscientes de la importancia del regalo y de
las bendiciones de una vida guiada por el Padre, no
podemos contener nuestra alegría. Brotan la alegría y
la esperanza que llenan nuestros corazones. Cuando
Jesús se convierte en nuestro Señor nos viene un
gozo incontenible. Por medio de él, a través de la fe,
tenemos esperanza en el futuro. ¡Qué alegría! Así
que deja que su luz se derrame en amor.

*Señor, ayúdame a ser una luz para el
mundo, a brillar con tu bondad. Amén.*

Él nos lleva

En su amor y su misericordia los redimió; los levantó y los tomó en brazos a lo largo de los años.
Isaías 63.9-10 NTV

¿Te sientes quebrantada? ¿Deprimida? ¿Derrotada? Corre hacia Jesús, no te alejes de él. Él nos llevará, por mucho que sea el dolor que tengamos que soportar. No importa lo que nos pase. Dios envió a Jesús para ser nuestro Redentor. Sabía que el mundo odiaría, maldeciría y mataría a Jesús. Sin embargo, permitió que su propia carne se retorciera en agonía en la cruz para que nosotros también pudiéramos ser sus hijos e hijas. Tanto te amó, y me amó.

Señor Jesús, gracias por venir a nosotros, por no abandonarnos cuando estamos rotos. Gracias por tu obra en la cruz; por tu gracia, misericordia y amor. Ayúdame a buscarte aunque no pueda sentirte; a amarte aunque no conozca todas las respuestas.

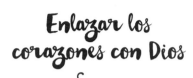

Enlazar los corazones con Dios

*Pero, cuando venga el Espíritu Santo
sobre ustedes, recibirán poder y serán mis
testigos ... hasta los confines de la tierra.*
HECHOS 1.8 NVI

Dios conoce nuestros corazones. Sabe lo que necesitamos para soportar el día. Así que, en su bondad, nos dio un regalo: el Espíritu Santo. Como Consejero, Consolador y Amigo, el Espíritu Santo actúa como nuestra brújula interior. Nos sostiene en los momentos difíciles y nos ayuda a oír las directrices de Dios. Cuando el camino de la obediencia se oscurece, el Espíritu lo inunda de luz. ¡Qué revelación! Él vive en nuestro interior. Por lo tanto, nuestras oraciones se elevan al Padre, al trono mismo de Dios.

*Padre, cuán bendecida soy por venir a tu
presencia. Ayúdame, Padre, cuando estoy
débil. Guíame en este día. Amén.*

Una mujer ejemplar

Mujer ejemplar, ¿dónde se hallará? ¡Es más valiosa que las piedras preciosas! Su esposo confía plenamente en ella y no necesita de ganancias mal habidas. Ella le es fuente de bien, no de mal, todos los días de su vida.
PROVERBIOS 31.10-12 NVI

¿Eres la mujer ejemplar que Jesús quiere que seas? A menudo no pensamos que lo somos. Entre llevar una casa, correr al trabajo, cuidar de los niños, ser voluntarias en buenas actividades y seguir siendo un modelo para nuestras familias, creemos que hemos fracasado estrepitosamente. A veces no nos damos cuenta de que aprender a ser una mujer ejemplar lleva tiempo. Podemos brindarle nuestras experiencias a otra generación que busca la sabiduría de otras que han «estado ahí». Eres una mujer ejemplar. ¡Dios lo dijo!

Padre, gracias por darme lo necesario para ser una mujer ejemplar. Te amo, Señor, y seguiré poniéndote en el primer lugar en mi vida. Amén.

Como los niños pequeños

Le presentaban niños para que los tocara,
pero los discípulos reprendían a los que los
presentaban. Viéndolo Jesús, se indignó y les
dijo: —Dejad a los niños venir a mí, y no se lo
impidáis, porque de los tales es el reino de
Dios. De cierto os digo que el que no reciba el
reino de Dios como un niño, no entrará en él.
MARCOS 10.13-15 RVR1995

Este pasaje de Marcos nos dice que, sea cual sea la edad que tengamos, Dios quiere que vayamos a él con la fe de un niño. Quiere que seamos abiertos y honestos sobre nuestros sentimientos. Quiere que confiemos en él de todo corazón, como los niños pequeños. Como adultos, a veces no vamos en serio con Dios. Le decimos lo que creemos que quiere oír, ¡olvidando que él ya conoce nuestros corazones! Dios es lo suficientemente grande para detectar tu sinceridad. Dile cómo te sientes de verdad.

Padre, ayúdame a venir a ti como
una niña pequeña y a ser más abierta
y sincera contigo en oración.

Hermanas amorosas

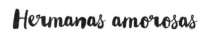

Pero Rut respondió: —¡No insistas en que te abandone o en que me separe de ti! Porque iré adonde tú vayas, y viviré donde tú vivas. Tu pueblo será mi pueblo, y tu Dios será mi Dios.

RUT 1.16 NVI

La historia de Rut y Noemí es inspiradora en muchos niveles. Ambas se dieron cuenta de que su compromiso, amistad y amor mutuo superaba todas sus diferencias. Fueron una bendición mutua. ¿Tienes amigas que harían casi cualquier cosa por ti? Una verdadera amistad es un regalo de Dios. Esas relaciones nos proporcionan amor, compañerismo, aliento, lealtad, sinceridad, comprensión y mucho más. Las amistades duraderas son esenciales para vivir una vida equilibrada.

Padre, gracias por la amistad. Quiero ser para mis amigas la bendición que ellas son para mí. Ayúdame a animarlas, amarlas y a ser un apoyo amoroso para ellas. ¡Te alabo por mis amadas hermanas! Amén.

Aliento de vida

Sana a los quebrantados de
corazón y venda sus heridas.
SALMOS 147.3 NBLA

Cuando tu vida te traiga momentos de desilusión, dolor y sufrimiento casi insoportables, recuerda que sirves a Aquel que sana los corazones. Él es quien mejor te conoce y quien más te ama. Cuando el viento te golpee y sientas que no queda aire para respirar, deja que Dios te proporcione el aire que necesitas. Eleva una oración a él, y respira su paz y consuelo hoy.

Señor, sé tú mi aliento de vida hoy y siempre.

Altas expectativas

«En el desierto me mostré bondadoso ... Cuando
Israel buscaba un lugar de descanso, yo me
aparecí a él de lejos. Yo te he amado con amor
eterno; por eso te sigo tratando con bondad».
JEREMÍAS 31.2-3 DHH

A pesar de sus transgresiones, Dios les dijo a los
israelitas que nunca dejaría de amarlos. Eso es así
para ti hoy. Mira más allá de cualquier circunstancia
y verás a Dios mirándote, con sus ojos llenos de amor.
La Escritura promete un abrumador y sorprendente
río de amor que se derrama cuando confiamos en
el Señor nuestro Dios. Descansa hoy en su Palabra.
Espera que el amor, amor y más amor de Dios llene
ese vacío en tu vida.

*Padre, leemos estas palabras y elegimos este día
para creer en tu amor inquebrantable. Amén.*

Una fiesta continua

Para el que es feliz todos [los días] son de fiesta,
PROVERBIOS 15.15 NVI

La elección de nuestras compañías tiene mucho que ver con nuestra perspectiva. Tanto la negatividad como la positividad son contagiosas. El autor de Proverbios dice que un corazón alegre tiene un continuo festín. Así que es seguro asumir que un corazón quejoso se sentirá hambriento y falto en lugar de sentirse lleno. Dios nos llama a asistir a los que están sufriendo, pero podemos hacerlo con discernimiento. La próxima vez que una persona se queje ante ti, proponle orar juntas por sus preocupaciones. Cuéntale una historia de cómo superaste la negatividad o reparaste una relación. ¡Puede que les ayudes a mejorar su día!

Dios, ayúdame a ser una influencia positiva para mis amigos y mi familia. Dame la sabiduría y la esperanza inquebrantable que vienen de Cristo, para que pueda compartir tu alegría con los demás.

Un buen bocado

Prueben y vean que el SEÑOR es bueno;
dichosos los que en él se refugian.
SALMOS 34.8 NVI

El mundo les da a los no creyentes la idea de que
no vale la pena probar a Dios. El mundo insta a cen-
trarse en uno mismo, mientras que el Señor dice que
pongamos a los demás antes que a nosotros mismos y
a Dios por delante de todo. En realidad, lo mejor que
puedes hacer por ti es caminar y hablar con Dios.
Como ocurre con muchos alimentos beneficiosos, lo
único que nuestra vida espiritual exige es ese primer
bocado, diminuto, que despierta el hambre de más
de él. Entonces puedes abrirte a toda la bondad, a
toda la plenitud del Señor.

Señor, llena mi copa hasta rebosar de tu amor
para que se derrame de mí de manera que
haga que otros deseen lo que yo tengo. Amén.

¡Sé feliz!

*Dichosos los que practican la justicia
y hacen siempre lo que es justo.*
SALMOS 106.3 NVI

En el mundo en que vivimos, algunos podrían pensar que, si se produce un error a su favor por parte del banco o en alguna factura, estaría justificado quedarse con el dinero sin decir nada. Pero un verdadero seguidor de Cristo no vería este tipo de situaciones como ejemplo de buena suerte. Nuestra felicidad está en ser honestas y hacer lo correcto, porque esa felicidad es la recompensa espiritual prometida. Puesto que queremos ser bendecidas por Dios, ser seguidoras felices de él, buscaremos siempre hacer lo correcto.

*Padre misericordioso y celestial, gracias
por tus bendiciones todos los días. Estoy
agradecida por ser tu seguidora. Cuando
esté tentada a hacer algo que te disguste,
recuérdame que me bendecirás si actúo con
justicia. Mi felicidad será una recompensa
mucho mejor. En tu nombre, amén.*

Tu Padre celestial

Porque nunca decayeron sus misericordias;
nuevas son cada mañana. ¡Grande es tu fidelidad!
Lamentaciones 3.22-23 RVR1995

Sea como sea tu relación con tu padre terrenal, tu
Padre celestial te ama con un *amor* inquebrantable.
Él es fiel en caminar junto a ti por los altibajos de la
vida. Recuerda que cada día es bueno para honrar
a tu Padre celestial. Comienza y termina este día
alabándolo por lo que es. Expresa tu agradecimiento.
Preséntale tus peticiones. Dile cuánto lo amas. Dios
anhela ser tu Abba Padre, ¡un padre que te ama a
ti, su hija!

Padre, para algunos, el día de hoy es una
oportunidad para ser feliz. Para otros, no
tanto. Gracias por ser un Dios de amor,
mi Abba Padre, mi Redentor. Amén.

Comienza tu día con Dios

Por la mañana, SEÑOR, escuchas mi clamor;
por la mañana te presento mis ruegos, y
quedo a la espera de tu respuesta.
SALMOS 5.3 NVI

Al despertar en la mañana, dale gracias al Señor por un nuevo día. Mientras haces la cama, pídele que controle tus pensamientos y tu actitud. Mientras preparas tu tostada, dale las gracias por su provisión. Mientras te vistes y te lavas los dientes, pídele que tu imagen de ti misma se base en tu relación con Cristo. Mientras conduces hacia el trabajo o la escuela, sigue orando. Pasa tiempo en su Palabra a lo largo del día. Y termina tu día agradeciéndole por su amor y fidelidad.

Amado Señor, gracias por el regalo de
un nuevo día. Ayúdame a ser consciente
de tu constante presencia en mi vida.

Escuchar de cerca

Voy a escuchar lo que Dios el SEÑOR dice.
SALMOS 85.8 NVI

Escuchar es un arte que se aprende, y que a menudo se olvida en el ajetreo del día. Suena el despertador y nos levantamos a toda prisa, soltamos una oración, quizás cantamos una alabanza, agarramos las llaves del auto y salimos. Si tan solo redujéramos el paso y dejáramos que las palabras del Padre celestial profundizaran en nuestro espíritu, qué diferencia veríamos en nuestra vida de oración. En este día, haz un alto. Escucha. Mira lo que Dios tiene reservado para ti.

¡Señor, cuánto deseo rendirme y buscar tu voluntad! Por favor, aquieta mi espíritu y háblame. Amén.

Ora por todas las cosas

El SEÑOR dirige los pasos de los justos;
se deleita en cada detalle de su vida.
SALMOS 37.23 NTV

La Biblia dice que el Señor se deleita en cada detalle de la vida de sus hijos. Las oraciones de los adultos no tienen por qué tener estructura y formalidad. A Dios le encanta escuchar la voz de sus hijos, y ningún detalle es demasiado pequeño o aburrido para presentárselo. Dile a Dios que esperas que la cafetería tenga en su carta tu *latte* con especias favorito. Pídele que te dé paciencia mientras esperas en la fila. Agradécele por el maravilloso sabor de ese café. Acostúmbrate a hablar con él todo el día, porque te ama y se deleita en todas las facetas de tu vida.

Amado Dios, enséñame a orar por todo con
la inocencia y la fe de un niño. Amén.

Un corazón alegre

Sara dijo entonces: «Dios me ha hecho reír, y todos los que se enteren de que he tenido un hijo se reirán conmigo.
GÉNESIS 21.6 NVI

En la Biblia, el rey Salomón dice: «Todos los días del desdichado son difíciles, pero el de corazón alegre tiene un banquete continuo» (Proverbios 15.15 RVR1995). ¿No eres feliz, tú o alguien que conoces? Un poco de risa podría ayudar. Empieza con una sonrisa. Cuando oigas risas, ve hacia ellas e intenta unirte. Busca la compañía de amigas felices y abre la puerta al humor en tus conversaciones. Sobre todo, alaba a Dios. La alabanza es la mejor manera de sanar un alma herida. Alaba a Dios con alegría por sus muchas bendiciones.

Señor, siempre que mi corazón esté apesadumbrado, dame ánimo para sanarlo con alegría. Amén.

Concéntrate en la verdad

Concéntrense en todo lo que es verdadero,
todo lo honorable, todo lo justo, todo lo
puro, todo lo bello y todo lo admirable.
FILIPENSES 4.8 NTV

Escudriña las Escrituras y busca verdades de la Palabra para combatir cualquier mensaje falso con el que estés luchando. Escríbelas y memorízalas. Aquí tienes algunas para empezar:

- Dios mira mi corazón, no mi apariencia exterior. (1 Samuel 16.7)
- Soy libre en Cristo. (1 Corintios 1.30)
- Soy una nueva creación. ¡Mi viejo yo ya no está! (2 Corintios 5.17)

La próxima vez que sientas que la negatividad se cuela en tu pensamiento, fija tus pensamientos en lo que sabes que es verdad. Ora y pídele al Señor que reemplace las dudas con sus palabras de verdad.

Señor y Dios, por favor, ayúdame a
controlar mis pensamientos y a poner mi
mente y mi corazón solamente en ti.

Las cosas sencillas

*En él se regocija nuestro corazón,
porque confiamos en su santo nombre.*
SALMOS 33.21 NVI

Dios conoce todos los sencillos placeres que disfrutas y él los creó para tu deleite. A él le complace cuando las cosas sencillas que solo pueden venir de su mano te llenan de satisfacción. Él se complace en ti. Tú eres su deleite. Darte paz, consuelo y la sensación de saber que le perteneces es para él una cosa sencilla. Tómate un momento hoy y apártate de los trajines de la vida. Anota y experimenta plenamente algunas de las cosas que más te gustan. Después comparte ese gozo especial con él.

*Señor, gracias por las cosas sencillas que
dan placer a mi vida diaria. Disfruto de
cada regalo que me has dado. Te invito
a compartir esos momentos conmigo.*

Anima a los demás

La preocupación agobia a la persona;
una palabra de aliento la anima.
PROVERBIOS 12.25 NTV

Hay mucho dolor en este mundo. En un momento dado, en tu ámbito de influencia hay muchas personas que están sufriendo. Se ven dobladas por la preocupación cuando se enfrentan a la decepción, la pérdida y otras pruebas. Piensa en lo mucho que significa para ti cuando alguien se toma el tiempo para animarte. Haz tú lo mismo por los demás. Sé la voz de aliento. Hay bendición en levantar a los que te rodean.

Padre, a lo largo de esta semana, haz de mí
una persona de ánimo. Dame oportunidades
para animar a los que me rodean. De
verdad, deseo animar los corazones de
los que están preocupados. Amén.

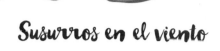

Susurros en el viento

—Porque me has visto, has creído —le dijo Jesús—; dichosos los que no han visto y sin embargo creen.

JUAN 20.29 NVI

No podemos ver a Dios. No podemos tomarlo de la mano ni conversar con él cara a cara como lo hacemos con una amiga. Pero sabemos que él está presente en nuestras vidas porque podemos experimentar los efectos. Dios se mueve entre su pueblo, y podemos verlo. Dios le habla a su pueblo, y podemos escuchar su voz suave y tranquila. Y, al igual que podemos sentir el viento en la cara, podemos sentir la presencia de Dios. No necesitamos ver físicamente a Dios para saber que existe y que está obrando.

Eres como el viento, Señor. Poderoso y veloz, suave y agradable. Puede que no te veamos, pero podemos sentirte. Ayúdanos a creer aunque no podamos ver. Amén.

Amar a los difíciles de amar

*Han oído la ley que dice: «Ama a tu prójimo»
y odia a tu enemigo. Pero yo digo: ¡ama a tus
enemigos! ¡Ora por los que te persiguen! De
esa manera, estarás actuando como verdadero
hijo de tu Padre que está en el cielo.*
MATEO 5.43-45 NTV

¡A veces, los encuentros con personas difíciles pueden ser en realidad «citas divinas»! Tal vez seas la única persona sonriente que verán en toda la semana. Cuando te encuentres con personas difíciles con las que prefieras no hablar, ora por tu actitud, y luego por esas personas. Salúdalas con una sonrisa y míralas a los ojos. Si confías en Dios, no hay razón para temer a las personas difíciles. Él te mostrará qué hacer y decir, si escuchas sus indicaciones (Lucas 12.12).

*Padre celestial, te pido que me ayudes a no
evitar a las personas que has permitido que
se crucen en mi camino. Ayúdame a decir tu
verdad y a compartir tu amor con valentía.*

De pie en la luz

*Caí, pero he de levantarme; vivo en
tinieblas, pero el SEÑOR es mi luz.*
MIQUEAS 7.8 NVI

Podemos caer, pero Dios nos levantará. Podemos sentirnos rodeadas de oscuridad por todos lados, pero él será nuestra luz, guiando el camino y mostrándonos el siguiente paso. No importa dónde estemos, lo que hayamos hecho o a lo que nos enfrentemos, Dios es nuestro Redentor, nuestro Salvador y nuestro Amigo.

Satanás quiere convencernos de que no tenemos esperanza ni futuro. Pero los hijos de Dios siempre tienen un futuro y una esperanza. Él nos valora, y le pertenecemos.

*Padre amado, gracias por darme confianza
en un futuro lleno de cosas buenas.
Cuando esté deprimida, recuérdame que
confíe en tu amor. Gracias por sacarme
de la oscuridad para estar en tu luz.*

Orar con la mente de Cristo

Destruimos argumentos y toda altivez
que se levanta contra el conocimiento de
Dios, y llevamos cautivo todo pensamiento
para que se someta a Cristo.

Al leer y orar las Escrituras y usar en nuestras oraciones afirmaciones positivas de lo que Dios ya ha dicho que hará por nosotros, la mente de Cristo se activa en nosotros. Al llevar cautivo todo pensamiento, aprendemos a saber qué pensamientos son de Dios, cuáles son nuestros y cuáles del enemigo. ¡Identifícalos, atrapa y ata los pensamientos del enemigo, y échalos fuera! Cuanto más nos comunicamos con Dios, tenemos comunión con él y aprendemos de él, más cultivamos la mente de Cristo.

Señor, ayúdame a identificar los pensamientos
que no son tuyos. Ayúdame a eliminarlos.
Así te escucharé más claramente para poder
ser una discípula obediente. ¡Amén!

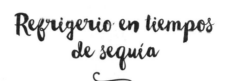

Refrigerio en tiempos de sequía

La hierba se seca y la flor se marchita, pero la palabra de nuestro Dios permanece para siempre.
ISAÍAS 40.8 NVI

A veces, sentimos que nuestra vida está como la hierba seca y lánguida. Tal vez estamos en una temporada en que las cosas parecen inmóviles: lo hemos intentado todo para mejorar nuestras circunstancias, pero sin éxito. En esas temporadas es cuando necesitamos recordar la fidelidad de Dios y la vigencia de su Palabra. ¡Las promesas que nos ha hecho son muchas y verdaderas! Dios nunca nos dejará ni nos abandonará; y nos proveerá, amará y protegerá. Y, al igual que en la naturaleza, con el tiempo nuestros períodos de sequía personal darán paso a tiempos de crecimiento, renovación y belleza.

Amado Señor, ayúdame a recordar tu amor en los momentos difíciles de sequía. Tú eres todo lo que necesito y el refrigerio que busco. ¡Alabo a mi Agua Viva!

El final de tu cuerda

No te alejes de mí, porque la angustia está
cerca y no hay nadie que me ayude.
SALMOS 22.11 NVI

Cuando le pides ayuda, Jesús viene a ti y te abraza con amor. La Biblia nos dice que él está cerca de los quebrantados de corazón (Salmos 34.18). Quizás no tengamos en esta vida las respuestas que buscamos, pero podemos estar seguros de esto: Dios ve nuestro dolor y nos ama con pasión. Clama a él en los momentos de problemas. Si sientes que estás al final de la cuerda, ¡mira hacia arriba! Su poderosa mano se acerca a ti.

Padre celestial, me siento sola y temerosa.
Rodéame de tu amor y dame paz y alegría.

La jungla de la vida

*La palabra de Dios es viva, eficaz y más
cortante que toda espada de dos filos:
penetra hasta partir el alma y el espíritu, las
coyunturas y los tuétanos, y discierne los
pensamientos y las intenciones del corazón.*
HEBREOS 4.12 RVR1995

Cuando tomas la Biblia y vives según los planes de
Dios, obedeciéndole, la Palabra de Dios corta como
un machete las malezas de la vida. Cuando eliges
usar la Espada de la Verdad, te abre un camino y
puede liberarte de los pesos del mundo que tratan
de atraparte y enredarte. No importa lo que los
desafíos de la vida te digan hoy, toma su Palabra y
lee sus planes para tu vida. Escoge sus palabras de
aliento y paz en lugar de las cosas negativas que te
dicen las circunstancias de la vida.

*Dios, quiero vivir en tu verdad. Quiero creer
lo que dices de mí en la Biblia. Ayúdame
a considerar tus palabras en lugar de
mis problemas. Ayúdame a creer.*

Oh, el profundo, profundo amor de Jesús

Le pido que, por medio del Espíritu y con el poder que procede de sus gloriosas riquezas, los fortalezca a ustedes en lo íntimo de su ser, para que por fe Cristo habite en sus corazones. Y pido que, arraigados y cimentados en amor, puedan comprender, junto con todos los santos, cuán ancho y largo, alto y profundo es el amor de Cristo.
EFESIOS 3.16-18 NVI

Qué imagen tan asombrosa. Es difícil entender que Dios nos cuide de esa manera. A pesar de nuestros defectos, de nuestro pecado, él nos ama. Se necesita fe para creer en su amor. Cuando notamos un pensamiento persistente de indignidad, de no ser amadas, confiamos en la Palabra y cantamos un nuevo cántico. Porque su amor es ancho y profundo.

Señor, gracias por amarme aun cuando no soy digna de ser amada. Amén.

El acto definitivo de amor

*Reconforta el espíritu de tu siervo, porque
a ti, Señor, elevo mi alma. Tú, Señor,
eres bueno y perdonador; grande es tu
amor por todos los que te invocan.*

SALMOS 86.4-5 NVI

Para perdonar no hace falta que la persona que
causó el daño se disculpe o reconozca lo que hizo.
No se trata de saldar cuentas. Ni siquiera se exige
olvidar el incidente. Se trata de admitir que el que
nos hizo daño es humano, como nosotras. Renuncia-
mos a nuestro derecho a la venganza y, a imitación
de Dios, perdonamos y ofrecemos misericordia al
ofensor, y así lo bendecimos.

*Padre de amor y misericordia, gracias por
amarme y perdonar mis pecados. Que pueda ser
más como tú en el perdón a los demás. Aunque
yo no puedo perdonar con tanta facilidad como
tú, por favor, anímame a dar esos pequeños
pasos. Al perdonar a los demás, Padre, estoy
mucho más cerca de ser como tú. Amén.*

Me canso

Pero los que esperan en el SEÑOR
renovarán sus fuerzas. Se remontarán con
alas como las águilas, correrán y no se
cansarán, caminarán y no se fatigarán.
ISAÍAS 40.31 NBLA

Mientras estemos en guerra por dentro, no hallaremos descanso. Debemos averiguar qué quiere Jesús para nuestra vida y luego obedecer. Alimentarnos abundantemente de su Palabra y aprender más sobre él nos dará la dirección que necesitamos y la capacidad para confiar. Solo cuando entendemos nuestra salvación y entrega podemos ir a él, sin culpa ni temor, y apoyar nuestra cabeza en su pecho. Seguras en sus brazos, podemos descansar. Seremos como un jardín bien regado, renovado y bendecido por nuestro amoroso Creador.

Padre, estoy cansada y necesito que tu espíritu
renovador me guíe. Confío en ti. Amén.

¡Cosecha con alegría!

Recuerden esto: El que siembra escasamente, escasamente cosechará, y el que siembra en abundancia, en abundancia cosechará.

2 Corintios 9.6 NVI

Todas queremos sentirnos valoradas, y nos gusta tratar con personas amigables. ¿Has trabajado alguna vez con una persona que parecía tener una actitud siempre negativa? Seguro que no te sentías muy animada después de un encuentro con ese compañero de trabajo. Sí, a veces las cosas salen mal, pero tus expectativas determinan tu actitud en medio de la situación. Si esperas que las cosas vayan bien, por lo general tendrás una actitud mental positiva. Trata a todo el mundo con genuina amabilidad, cortesía y respeto, y eso es lo que se reflejará de vuelta en ti.

Padre celestial, ayúdame a plantar las semillas de la paciencia, el amor, la compasión y la cortesía en todos aquellos con los que me relacione. Por favor, quiero marcar una diferencia eterna en la vida de estas personas. Quiero cosechar con alegría una rica cosecha para tu reino. ¡Amén!

¿Por qué alabar a Dios?

He aquí, aunque me matare, en él esperaré.
JOB 13.15 RVA

Es difícil alabar a Dios cuando los problemas se precipitan contra ti como una multitud que sale de un edificio en llamas. Pero ese es el momento de alabarlo más. Esperamos que nuestras circunstancias cambien, pero lo que Dios desea es cambiarnos a pesar de ellas. La alabanza acompañada de la oración en nuestros momentos más oscuros es lo que mueve la poderosa mano de Dios para obrar en nuestras vidas y corazones. ¿Cómo podemos orar y alabar a Dios cuando todo va mal? La pregunta más importante podría ser: ¿cómo no hacerlo?

Jesús, ayúdame a orar y a alabarte
a pesar de mis circunstancias.

Luz eterna

En él estaba la vida, y la vida era la luz de la humanidad. Esta luz resplandece en las tinieblas, y las tinieblas no han podido extinguirla.

JUAN 1.4-5 NVI

Céntrate en la realidad de que Jesús es la luz del mundo que nos da una maravillosa esperanza. Pon en marcha tu vida de oración con la alabanza y la adoración al Rey de reyes. Alza la voz en cántico o lee en voz alta la Palabra. La Luz eliminará la oscuridad. Mantén tu corazón y tu mente a lo largo de tu andar diario. Alábalo por cada pequeña cosa; nada es demasiado pequeño para Dios. Un corazón agradecido y una alabanza constante traerán la Luz a tu día.

Amado Señor, cuánto te amamos. Confiamos en ti en este día para que nos guíes por el camino correcto iluminadas con tu luz. Amén.

La palabra para cada día

*Dios, perfecto su camino: la palabra
de Jehová purificada, escudo es de
todos los que en él esperan.*

2 SAMUEL 22.31 RVA

La Palabra de Dios es un regalo increíble, que va de la mano con la oración. En realidad, es asombroso que el Creador del Universo nos haya dado las Escrituras como su palabra personal para nosotros. Cuando somos fieles para tomar de la Palabra, él es fiel y la usa para animarnos. Leer y orar las Escrituras es una de las claves para hallar y mantener nuestra cordura, paz y gozo.

*Dios, gracias por regalarnos las Sagradas
Escrituras y por la dulce comunión
contigo a través de la oración.*

El enfoque correcto

*Si tu oído inclinas hacia la sabiduría y de
corazón te entregas a la inteligencia; si llamas
a la inteligencia y pides discernimiento; si
la buscas como a la plata, como a un tesoro
escondido, entonces comprenderás el temor
del SEÑOR y hallarás el conocimiento de Dios.*

PROVERBIOS 2.2-5 NVI

La frustración y el estrés pueden impedirnos ver
con claridad las cosas que Dios nos pone delante.
El tiempo dedicado a la oración y la meditación en
la Palabra de Dios puede a menudo lavar la sucie-
dad y la mugre del día a día y darnos una imagen
clara de las intenciones de Dios para nuestra vida.
Sal de las presiones y entra en su presencia, así
obtendrás el enfoque adecuado para lo que estés
enfrentando hoy.

*Señor, ayúdame a evitar las distracciones
y a mantener mis ojos en ti.*

¡Pásalo!

Después de las lecturas acostumbradas de los libros de Moisés y de los profetas, los que estaban a cargo del servicio les mandaron el siguiente mensaje: «Hermanos, si tienen alguna palabra de aliento para el pueblo, ¡pasen a decirla!».
HECHOS 13.15 NTV

El ánimo trae esperanza. ¿Nunca has recibido una palabra de otra persona que te ha levantado el ánimo al instante? ¿Recibiste una buena noticia o algo que redujo tu negatividad? Tal vez una conversación en particular te ayudó a poner en perspectiva tus problemas. Pablo transmitía ánimo, y muchos se beneficiaban de ello. Así que la próxima vez que estés animada, ¡pásalo! Nunca sabes cómo tus palabras o acciones podrían beneficiar a otra persona.

Señor, gracias por la fuente de aliento de tu Santa Palabra.

Busca a Dios

Amo a todos los que me aman.
Los que me buscan, me encontrarán.
PROVERBIOS 8.17 NTV

La Escritura nos dice que Dios ama a los que lo aman y que, si lo buscamos, con toda seguridad lo encontraremos. Una traducción de la Biblia lo expresa así: «Aquellos que me buscan temprano y diligentemente me encontrarán». Busca a Dios en todas las cosas y de todas las maneras. Búscalo en cada momento de cada día que tengas la bendición de caminar en este mundo. Se le encuentra fácilmente en su creación y en su Palabra. Él está contigo. Solo búscalo. ¡Él desea que lo encuentren!

Padre celestial, gracias por tu inagotable amor
por mí. Ayúdame a buscarte con diligencia.
Sé que cuando te busco te encuentro. Amén.

Cuando das tu vida

*Porque ¿cuál de vosotros, queriendo edificar
una torre, no cuenta primero sentado los gastos,
si tiene lo que necesita para acabarla?*
LUCAS 14.28 RVA

Todos tienen la misma cantidad de vida cada día.
Lo que importa es en qué se emplea. Es fácil perder
el día haciendo cosas insignificantes, dejando poco
tiempo para Dios. Lo más importante de la vida
son los proyectos eternos: pasar tiempo orando a
Dios por los demás. Dar tu vida para construir una
relación con Dios, leyendo su Palabra y creciendo
en la fe. Compartir de Cristo con otros y darles la
oportunidad de conocerlo. Estas son cosas impere-
cederas. ¿En qué estás gastando tu vida? ¿Qué es lo
que obtienes de lo que te das a ti misma cada día?

*Padre celestial, mi vida está llena. Te pido que
me des sabiduría e instrucción para entregar mi
vida a las cosas que más importan. El tiempo
que tengo es precioso y valioso. Ayúdame a
invertirlo con sabiduría en las cosas eternas.*

Corazón agradecido

Te alabaré, Jehová, con todo mi corazón.
Contaré todas tus maravillas.
SALMOS 9.1 RVR1995

Cuando eliges enfocar la vida desde el lado positivo, puedes encontrar motivos de gratitud en la mayoría de las circunstancias de la vida. Cambia completamente tu perspectiva, tu actitud y tu semblante. Cuando sientas la tentación de autocompadecerte o de culpar a otros o a Dios por las dificultades, detente un instante. Tómate un momento y rebobina tu vida. Mira atrás y cuenta las bendiciones que Dios te ha dado. Recordar todo lo que él ha hecho por y en ti producirá un cambio en tu actitud y te dará esperanza en la situación que estás enfrentando. Cuenta tus bendiciones.

Señor, te doy gracias por mi vida y por todo lo que has hecho por mí. Ayúdame a responder a los sucesos de la vida de una manera sana y positiva. Recuérdame que te mire y confíe en ti para que me ayudes a atravesar los obstáculos de la vida.

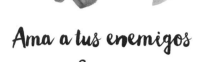

Ama a tus enemigos

*Amen a sus enemigos, háganles bien y
denles prestado sin esperar nada a cambio.
Así tendrán una gran recompensa.*
LUCAS 6.35 NVI

Dios nos llama a un amor tan valiente e intenso
que desafía la lógica y pone al mundo patas arriba.
Dios nos llama a amar como él ama. Eso significa
que debemos mostrar paciencia allí donde otros
no pueden. Debemos mostrar amabilidad donde
otros han sido crueles. Debemos buscar formas de
bendecir cuando otros han maldecido. Dios promete
una gran recompensa para quienes obran así. Oh, la
recompensa puede no ser inmediata. Pero, cuando
Dios promete grandes recompensas, podemos saber
sin duda que cualquier lucha presente recibirá una
recompensa multiplicada con bondad y bendición.

*Padre amado, ayúdame a amar a los que me
aborrecen, a bendecir a los que me maldicen y
a mostrar bondad a quienes han sido crueles
conmigo. Ayúdame a amar como tú amas.*

¡Alégrense!

Alégrense siempre en el Señor. Insisto: ¡Alégrense!

FILIPENSES 4.4 NVI

Si Dios es la fuente de nuestra alegría, nunca la perderemos. Las circunstancias pueden frustrarnos y rompernos el corazón. Pero Dios puede suplir todas nuestras necesidades. Él puede restaurar las relaciones rotas. Puede darnos un nuevo trabajo o ayudarnos a tener éxito en el actual. Pase lo que pase, podemos regocijarnos sabiendo que somos de Dios y que él nos ama.

Padre amado, gracias por amarme. Ayúdame a hacer de ti la fuente de mi alegría.

Amor inquebrantable

«*Aunque las montañas cambien de lugar y los cerros se vengan abajo, mi amor por ti no cambiará ni se vendrá abajo mi alianza de paz». Lo dice el Señor, que se compadece de ti.*

ISAÍAS 54.10 DHH

Debemos descansar en el apasionado e inquebrantable amor de Dios por nosotros. En Isaías, él promete que, pase lo que pase, nunca se alejará de nosotros. Cuando creemos en él de todo corazón y descansamos en su amor, nos llenamos de una paz que rompe el temor, y de una fe audaz. Esa fe nos permite soñar grandes sueños y vencer las preocupaciones que nos mantienen encadenadas.

Señor, gracias por tu amor, que nunca me abandona. Ayúdame a descansar en tu amor por encima de todo.

Amor que no falla

El SEÑOR dice: «Yo te instruiré, yo te mostraré el camino que debes seguir; yo te daré consejos y velaré por ti. Muchas son las calamidades de los malvados, pero el gran amor del SEÑOR envuelve a los que en él confían».

SALMOS 32.8, 10 NVI

El amor de Dios está siempre a nuestro alrededor, si confiamos en él. ¿Has puesto toda tu confianza en el Señor? Si no, ábrele tu corazón y pídele que sea el Señor de tu vida. Jesús está a la puerta de tu corazón, listo para entrar cuando respondas (Apocalipsis 3.20). O tal vez ya has aceptado a Cristo como tu Salvador, pero no estás segura de si puedes confiar en él. Debes saber que él ha sido fiel a sus hijos por todas las generaciones y que está dirigiendo cada circunstancia de tu vida para tu propio bien (Romanos 8.28).

Padre, te alabo por tu amor inquebrantable. Continúa aconsejándome y guiándome en el camino que debo seguir. Gracias por cuidarme.

¡Mira hacia arriba!

Tu amor, SEÑOR, llega hasta los cielos;
tu fidelidad alcanza las nubes.
SALMOS 36.5 NVI

En los tiempos de la Biblia, la gente a menudo estudiaba el cielo. Mirar los cielos les recordaba a Dios y sus poderosas maravillas. La señal que Dios le dio a Noé de que no volvería a destruir la tierra con un diluvio fue un arcoíris. Dios se valió de la multitud de estrellas para predecir la numerosa familia de Abraham, y una estrella anunció el nacimiento de Cristo. Este inmenso espacio que llamamos «cielo» es un reflejo del infinito amor y fidelidad de Dios. Así que tómate un tiempo hoy. Mira a los cielos y agradece a Dios por su infinito amor.

Padre celestial, recuérdame que haga
un alto y aprecie tus maravillosas
creaciones. Y, mientras miro hacia arriba,
lléname con tu infinito amor. Amén.

¡No te angusties!

Por lo tanto, no se angustien por el
mañana, el cual tendrá sus propios afanes.
Cada día tiene ya sus problemas.
MATEO 6.34 NVI

¿Y si el Señor hubiera escrito un undécimo mandamiento: «No se angustien»? ¡En cierto modo, lo hizo! En varios pasajes de la Escritura nos manda que no nos angustiemos. Así que echa tu ansiedad sobre el Señor. ¡Entrégala! ¡Déjala ir! No dejes que las preocupaciones acaben con tu fuerza y tu alegría. Este día es un regalo del Señor. ¡No lo sacrifiques a los miedos y frustraciones! Deséchalos... ¡y mira obrar a Dios!

Padre, quita toda la ansiedad de mi corazón
y haz que mi espíritu se ilumine de nuevo. Sé
que yo sola no puedo. Pero contigo puedo
desecharla... ¡y verte obrar! ¡Te alabo, Dios!

Gozo... minuto a minuto

*Que tus ojos miren lo recto y que tus
párpados se abran a lo que tienes delante.*

¿Nunca te has preguntado cómo puedes ser perfectamente feliz un minuto y estar disgustada al siguiente? Si el gozo es una elección, tienes que elegirlo... continuamente. A menudo nos regimos por nuestras emociones, por eso es muy importante mantenerte centrada, sobre todo cuando se tiene un día difícil. No dejes que la frustración te robe ni sesenta segundos. En su lugar, ¡escoge el gozo!

*Padre celestial, por favor, ayúdame a
controlar mis emociones, hoy y todos los días.
Si mantengo la mirada puesta en ti... y en tu
bondad, Dios, siempre puedo elegir la alegría.*

Sacrificios de júbilo

*Luego levantará mi cabeza sobre mis
enemigos que me rodean, y yo sacrificaré
en su tabernáculo sacrificios de júbilo;
cantaré y entonaré alabanzas a Jehová.*
SALMOS 27.6 RVR1960

Una cosa es ofrecer un sacrificio de júbilo cuando
las cosas van bien y la gente te trata con equidad.
Pero, cuando has pasado por una terrible traición, a
menudo es difícil recuperar ese sentimiento de alegría. Cuando te encuentres con heridas y traiciones,
recuerda que es Dios el que levanta tu cabeza. ¡Canta
alabanzas y sigue ofreciendo un sacrificio de júbilo!

*Señor, levanta mi cabeza. Envuélveme en tu
cálido abrazo. Ayúdame a recordar que, aunque
he sido traicionada, aún puedo alabarte y
ofrecer un sacrificio de júbilo. ¡Te amo, Padre!*

Un gozoso tesoro

El reino de los cielos es como un tesoro escondido
en un campo. Cuando un hombre lo descubrió,
lo volvió a esconder, y lleno de alegría fue y
vendió todo lo que tenía y compró ese campo.
MATEO 13.44 NVI

¿Alguna vez te has topado con un raro tesoro, uno tan valioso que estuviste dispuesta a cambiar todas tus posesiones por tenerlo? Si le has entregado tu corazón a Cristo, si has aceptado su obra en el Calvario, ya has obtenido el mayor tesoro... la nueva vida en él. ¡Oh, qué alegría tan inconmensurable tienes cuando sabes que él ha puesto ese tesoro en tu corazón por toda la eternidad!

Padre, gracias por el regalo de tu Hijo.
Gracias a tu sacrificio de amor, puedo tener
siempre alegría en mi corazón, sabiendo que
pasaré la eternidad en el cielo contigo.

Gozo en la batalla

*Y todo Judá y los de Jerusalem, y Josaphat
a la cabeza de ellos, volvieron para tornarse
a Jerusalem con gozo, porque Jehová les
había dado gozo de sus enemigos.*
2 Crónicas 20.27 rva

Las fuerzas enemigas estaban a las puertas. Josafat, el rey de Judá, convocó a su pueblo. Después de mucha oración, envió a los adoradores (los levitas) por delante, cantando alegres alabanzas conforme avanzaban. ¡Ganaron la batalla! Cuando te enfrentes a tu próxima batalla, ¡alaba a Dios en medio de ella! ¡La fuerza y el gozo brotarán en tu interior! ¡Prepárate para la victoria!

*Sea cual sea la adversidad a la que me enfrente,
Padre, quiero alabarte mientras paso por
ella y salir de ella aún más fuerte que antes.
Gracias por ayudarme a ganar las batallas
de la vida, tanto grandes como pequeñas.*

¡Gozo eterno!

Y los redimidos de Jehová volverán, y vendrán
a Sión con alegría; y gozo perpetuo será
sobre sus cabezas: y retendrán el gozo y
alegría, y huirá la tristeza y el gemido.

ISAÍAS 35,10 RVA

¿Has pensado alguna vez en la eternidad? ¿Por siempre jamás...? Nuestra mente limitada no puede captar el concepto, pero hay una cosa que entendemos gracias a las Escrituras: entraremos en la eternidad en un estado de gozo y alegría eternos. ¡No más lágrimas! ¡No más penas! ¡Nos espera un eterno festival de alegría! ¡Eso sí que es algo para celebrar!

Cuando la vida se pone difícil, Padre, ayúdame
a mantener la perspectiva. Las adversidades a
las que me enfrento en el día a día no son más
que parpadeos en el tiempo comparadas con
el gozo eterno que experimentaré en el cielo.
Gracias por el gozo que nunca terminará.

Gozosa libertad

*Bienaventurado aquel cuyas iniquidades
son perdonadas, y borrados sus pecados.*
SALMOS 32.1 RVA

¿Y si estuvieras encerrada en una celda durante años? Esperas el día en que el carcelero introduzca la llave en la cerradura y te libere de una vez por todas. En cierto sentido, experimentar el perdón de Dios es como ser liberado de la prisión. ¿Te imaginas qué alegría? ¿Salir al aire libre por primera vez en años? ¡Oh, alábalo hoy por su perdón!

*Qué dulce libertad, Señor... Es un hermoso
sentimiento haber experimentado el
gozo de tu perdón total y completo.
¡Gracias por liberar mi espíritu!*

Apretada, rebosante

*Dad, y se os dará; medida buena, apretada,
remecida, y rebosando darán en vuestro
seno: porque con la misma medida que
midiereis, os será vuelto a medir.*

LUCAS 6.38 RVA

«Dad y se os dará». Si ya llevas algún tiempo caminando con el Señor, probablemente has escuchado esto docenas de veces. ¿Damos para poder recibir? No, damos con un corazón agradecido y el Señor, en su generosidad, satisface nuestras necesidades. Hoy, aparta un momento y dale las gracias por los muchos regalos que te ha dado. ¿Sientes cómo rebosa la alegría?

*Señor, ayúdame a dar siempre con un
corazón agradecido y nunca con la idea
de recibir algo a cambio. Me has dado
abundantes bendiciones, Padre. Gracias
por satisfacer siempre mis necesidades.*

¿Quién exalta?

La exaltación no viene del oriente, ni del occidente ni del sur, sino que es Dios el que juzga: a unos humilla y a otros exalta.

SALMOS 75.6-7 NVI

A veces nos quejamos cuando se exalta a otros. Nos sentimos excluidos. ¿Por qué los demás prosperan cuando todo lo que nos rodea a nosotros parece desmoronarse? No podemos celebrar sus victorias. No nos alegramos por ellos. ¡Qué vergüenza! Dios elige a quién exaltar... y cuándo hacerlo. No podemos pretender conocer sus pensamientos. Pero podemos someternos a su voluntad y celebrar con quienes están viviendo etapas de gran favor.

Dios, cuánto me cuesta alegrarme por los demás cuando siento que no he sido bendecida de la misma manera. Por favor, ayúdame a regocijarme cuando otros experimentan tu favor. Seguiré confiando en que tienes un plan para mi vida ¡y que tu plan es bueno!

Un sacrificio de alabanza

*¿Está alguno entre vosotros afligido? haga
oración. ¿Está alguno alegre? cante salmos.*
SANTIAGO 5.13 RVA

Es difícil alabar cuando no te sientes bien, ¿no es
así? Pero eso es exactamente lo que Dios nos llama
a hacer. Si tienes luchas hoy, ve hasta el fondo de
ellas... De tu dolor, de tu debilidad, ofrécele a Dios
un sacrificio de alabanza. Pasa un tiempo serio en
oración. ¡Eleva un cántico de alegría, aunque cantes
con debilidad! ¡Te sorprenderá ver cómo él te da
fuerzas con su gran gozo!

*Hoy tengo luchas, Dios. Pero eso no te
sorprende, ¿no es verdad? Ya sabes cómo me
siento. Por favor, dale fuerzas a mi espíritu
débil. ¡Quiero cantarte alabanzas!*

Gozarse con gloria

Gozarse han los píos con gloria:
Cantarán sobre sus camas.

SALMOS 149.5 RVA

¿Cuándo te gusta pasar tiempo a solas con el Señor? ¿Por la mañana, en los momentos de quietud del día? ¿Por la noche, cuando reposas tu cabeza en la almohada? Comienza tu conversación con alabanza. ¡Canta tu canción o himno favorito! Dile cuán bendecida te sientes por ser su hija. ¡Este tiempo de alabanza personal te fortalecerá y llenará tu corazón de alegría!

Padre, al entrar en esta conversación contigo, te alabo. Gracias por ser el Señor y guía de mi vida.

Terminar con alegría

*Mas de ninguna cosa hago caso, ni estimo
mi vida preciosa para mí mismo; solamente
que acabe mi carrera con gozo.*

HECHOS 20.24 RVA

La vida cristiana es un viaje, ¿no es así? Nos movemos del punto A al punto B y así sucesivamente, siempre creciendo en nuestra fe. En lugar de centrarnos en los altibajos del viaje, deberíamos mirar hacia la línea de meta. Queremos ser personas que terminan bien. Hoy, pon tu mirada en esa línea invisible que tienes delante. ¡Qué alegría tendrás cuando la cruces!

*Padre, ayúdame a mantener los ojos
puestos en la línea de meta para poder
terminar mi viaje con alegría.*

Alegría cotidiana

Porque en él vivimos, y nos movemos, y somos.
HECHOS 17.28 RVA

Cada aliento que tomamos viene de Dios. Cada paso que damos es un regalo de nuestro Creador. No podemos hacer nada separados de él. Del mismo modo, en todas las alegrías, en todas las penas... Dios sigue adelante con cada uno de nosotros. Él quiere lo mejor para nosotros. Podemos experimentar gozo en nuestra vida diaria, incluso cuando las cosas no van como quisiéramos. Simplemente tenemos que recordar que él tiene el control. Tenemos nuestro ser... ¡en él!

*Gracias, Dios, por controlar todas las cosas.
Tenerte de mi parte es mejor que tener
a cualquier otra persona; en todos mis
altibajos, mis idas y venidas, ¡tú estás ahí!*

La misericordia se multiplica

Misericordia, y paz, y amor os sean multiplicados.
JUDAS 1.2 RVA

¿Alguna vez has hecho cálculos sobre la misericordia de Dios? Si es así, probablemente te has dado cuenta de que no cesa de multiplicarse. Nosotros cometemos errores; él extiende la misericordia. Volvemos a equivocarnos; él derrama misericordia una vez más. De la misma manera, la paz, el amor y la alegría se multiplican de nuevo para nosotros. ¡Alabado sea el Señor! Las matemáticas de Dios nos favorecen.

¡Padre, estoy muy agradecida de que tus matemáticas funcionen de manera diferente a las mías!

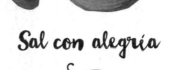

Sal con alegría

Porque con alegría saldréis, y con paz seréis vueltos; los montes y los collados levantarán canción delante de vosotros, y todos los árboles del campo darán palmadas de aplauso.

Isaías 55.12 RVA

Dios se revela de miles de maneras, pero quizás la más impresionante es mediante la naturaleza. La próxima vez que estés en la montaña, haz una pausa y escucha. ¿Puedes oír el sonido de la canción eterna de Dios? ¿Se irradia el gozo por todo tu ser? ¿No te llena de paz y asombro? El Señor nos ha dado, a través de la belleza de la naturaleza, un regalo especial y glorioso.

¡Cuando veo las maravillas de tu maravillosa creación, Señor, mi corazón se llena de un gozo absoluto!

Segundas oportunidades

*Porque solo un instante dura su enojo, pero
toda una vida su bondad. Si por la noche hay
llanto, por la mañana habrá gritos de alegría.*

SALMOS 30.5 NVI

¿No te encantan las segundas oportunidades? ¿Los
nuevos comienzos? Si tan solo pudiéramos volver
atrás y deshacer algunos de nuestros errores del
pasado, ¿qué elección mejor tomaríamos la segunda
vez? La vida en Jesús consiste en la experiencia de
volver a nacer, la oportunidad de empezar de nuevo.
De hecho, cada día es un nuevo día. ¡Y alabado sea
Dios! Los lamentos y pruebas de ayer han quedado
atrás. ¡Con cada nueva mañana, amanece la alegría!

*Padre, me alegro de que permitas las segundas
oportunidades. ¡Gracias por cada nueva mañana
que es una oportunidad para empezar de nuevo!*

Gozosa mañana

Empero si lo que no vemos esperamos,
por paciencia esperamos.
ROMANOS 8.25 RVA

¿Estás en una temporada de «espera»? ¿Se está poniendo a prueba tu paciencia hasta el límite? ¡Ánimo! No estás sola. Todos los hombres y mujeres piadosos, desde los tiempos bíblicos hasta ahora, pasaron por temporadas de espera en el Señor. ¿Su secreto? Esperaron lo que no podían ver. (¡Nunca perdieron la esperanza!). Y esperaron pacientemente. Así que, mientras esperas, reflexiona sobre los héroes de la Biblia y descubre que... ¡no estás sola!

Padre, gracias por tu Palabra, que me da
ejemplos de otros que han transitado el mismo
camino antes que yo. Gracias a ti, sé que no
estoy sola, ¡ni hoy, ni mañana ni nunca!

Disfrutar de la vida

*Regocíjense y alégrense en ti todos los que te
buscan; que digan continuamente: ¡Engrandecido
sea Dios! ... Tú eres mi socorro y mi libertador.*

SALMOS 70.4-5 LBLA

A veces nos acercamos a Dios como autómatas:
«Señor, por favor, haz esto por mí. Señor, por favor,
haz aquello». Estamos convencidas de que seremos
felices si Dios nos concede nuestros deseos, como el
genio de la lámpara. ¡Lo hacemos al revés! Deberíamos empezar por alabar a Dios. Dale las gracias por
la vida, por la salud y por tantas oraciones contestadas. ¡Nuestra alegre alabanza nos recordará cuán
bendecidas somos ya! Entonces haremos nuestras
peticiones partiendo de una relación genuina.

*Padre, mi gozo viene de ti y solo de ti. Sin
ti nunca podría experimentar todas las
alegrías que la vida ofrece. ¡Gracias!*

Una visión real

¡Felices los que viven así! Felices de verdad
son los que tienen a Dios como el SEÑOR.
SALMOS 144.15 NTV

Qué maravilloso es descubrir que eres una hija de Dios. Él te ama y solo quiere el bien para ti. Saber que eres su hija ¿no inunda de alegría tu alma? Qué felices somos cuando reconocemos que somos princesas... ¡hijas del Dios Altísimo! Escucha con atención mientras te susurra secretos reales al oído. Tu Padre celestial te ofrece las llaves del reino... y visión para el camino que tienes por delante.

Cuando pienso en lo mucho que me
amas, Señor, el gozo inunda mi alma.
Gracias por hacerme tu hija.

La llave de la felicidad

El entendido en la palabra hallará el bien, y
el que confía en Jehová es bienaventurado.
PROVERBIOS 16.20 RVR1960

¿Quieres la llave de la verdadera felicidad? Prueba
con la sabiduría. Cuando a tu alrededor los demás están perdiendo la cabeza, la calma y el sueño
por sus decisiones, tú escoge reaccionar de forma
diferente. Asume el reto. Maneja los asuntos con
sabiduría. Las decisiones sabias siempre llevan a
resultados felices. Y en el proceso serás un ejemplo
a seguir para quienes te rodean. Así que, vamos...
¡sé feliz! ¡Adquiere sabiduría!

Padre, gracias por la sabiduría de tu Palabra,
que siempre me guiará en la dirección correcta
cuando tenga que hacer una elección.

Una red de amor

*Nadie ha visto jamás a Dios, pero, si
nos amamos los unos a los otros, Dios
permanece entre nosotros, y entre nosotros
su amor se ha manifestado plenamente.*

1 JUAN 4.12 NVI

Es difícil ser una buena testigo si tienes una expresión agria en el rostro. Las personas no suelen ser ganadas para el Señor por medio de amigos y compañeros gruñones. Si esperas convencer a los demás de que la vida en Jesús es la experiencia más alta, tienes que permitir que brille tu entusiasmo. Antes de agarrar la red, pasa un tiempo de rodillas, pidiendo una infusión de alegría. ¡Luego ve a pescar!

*Amado Padre celestial, quiero ser una
buena testigo para ti. Ayúdame a no
olvidarme de desprender gozo y amor
para que otros se sientan atraídos a ti.*

Sin retener

*Todo lo que quise lo hice mío; no me negué
ningún placer. Hasta descubrí que me
daba gran satisfacción trabajar mucho,
la recompensa de toda mi labor.*
ECLESIASTÉS 2.10 NTV

El trabajo te reclama. Los plazos se acercan. Estás tratando de equilibrar tu vida familiar con tu vida laboral, y es abrumador. ¡Ánimo! Puedes regocijarte en tus quehaceres, encontrar placer en las tareas diarias. En el trabajo o en el ocio, que el Señor haga brotar de tu corazón un cántico de alegría.

*Padre, ayúdame a ir más despacio cada
día y a disfrutar de los momentos que se
avecinan. No quiero estar tan ocupada que
me pierda los placeres sencillos de la vida.*

Gozo en tu trabajo

*¡Anda, come tu pan con alegría! ¡Bebe
tu vino con buen ánimo, que Dios ya
se ha agradado de tus obras!*

ECLESIASTÉS 9.7 NVI

¿Nunca has sentido que nada de lo que haces es lo
suficientemente bueno? Tu jefe está enojado por algo
que has hecho mal. Los niños se están quejando. Tus
vecinos están incluso molestos contigo. Qué maravilloso es leer que Dios acepta nuestra labor, incluso
cuando nos sentimos insuficientes. Él nos anima a
continuar con un corazón alegre, completamente
confiadas en que somos aceptadas en el Amado.

*Cuando sienta que soy un completo fracaso
y que estoy defraudando a otros, Señor, por
favor, llena mi alma con seguridad. Pase lo que
pase, soy tuya. Soy aceptada. Soy amada.*

Él nos amó primero

*Así manifestó Dios su amor entre nosotros:
en que envió a su Hijo unigénito al mundo
para que vivamos por medio de él.*

1 JUAN 4.9 NVI

Hay muchas cosas sobre Dios que son un misterio. Pero, si hay algo que podamos entender con seguridad, es que nos ama. No hay nada que podamos hacer para que Dios *deje* de amarnos, porque desde luego no hicimos nada para que empezara a amarnos. Dios se interesa por todo lo que hacemos. Él celebra nuestras victorias y llora con nosotros durante nuestros tiempos difíciles. Dios demostró su amor por nosotros mucho antes de que naciéramos ¿Cómo no amar a un Dios que nos amó tanto en un principio?

*Siempre me has amado, Dios, y me amarás
para siempre. ¡Estoy tan agradecida!
Comparado con el tuyo, mi amor es pequeño,
pero te amo con todo mi corazón. Amén.*

Consuelo del alma

En la multitud de mis pensamientos dentro de mí, tus consolaciones alegraban mi alma.

SALMOS 94.19 RVR1960

No sabemos con certeza quién escribió el salmo 94, pero sí sabemos que el salmista estaba molesto y ansioso cuando lo escribió. Clama a Dios, pidiéndole: «dales su merecido a los soberbios» (v. 2 NVI). Luego sigue con una lista de acusaciones contra los impíos... «En la multitud de mis pensamientos dentro de mí». ¿Esa expresión te describe a ti? Cuando la ansiedad nos abruma, hallamos alivio en las palabras de Salmos 94.19. Cuando entregamos nuestros pensamientos de angustia a Dios, él trae satisfacción a nuestra alma.

Amado Dios, en esos días en que la frustración y la ansiedad me abruman, por favor, ven a mí, consuela mi alma y recuérdame que te alabe. Amén.

¡Brilla!

*Que el mensaje de Cristo, con toda su riqueza,
llene sus vidas. Enséñense y aconséjense
unos a otros con toda la sabiduría que él
da. Canten salmos e himnos y canciones
espirituales a Dios con un corazón agradecido.*

COLOSENSES 3.16 NTV

Necesitamos vivir la Palabra de Dios todos los días.
¡Ella brillará en nosotras! El viejo cántico dice: «Y
que somos cristianos se verá en nuestro amor».
Esto implica reflejar el amor de Dios en todo lo que
hacemos. Cuando pasamos tiempo en la Palabra de
Dios, encontramos una paz, sabiduría y satisfacción
que no hallamos en ningún otro lugar. Es una paz que
amamos tener. ¡Es la felicidad! ¿Cómo podríamos
no estar agradecidas a Dios por llenarnos con su
amor, paz y sabiduría?

*Oh Señor, mi Roca y mi Redentor, que mis
palabras y mis acciones reflejen tu Palabra
y sean agradables a tus ojos. Amén.*

Recordatorios visibles

*Por la mañana hazme saber de tu gran amor,
porque en ti he puesto mi confianza.*
<small>SALMOS 143.8 NVI</small>

No sabemos si David era una persona de costumbres matutinas o nocturnas, pero eligió empezar cada día buscando recordatorios visibles del gran amor de Dios. Podría haber sido fácil recordar el amor de Dios por él al presenciar un glorioso amanecer, pero, si había pasado una noche de tormenta y estaba cuidando ovejas asustadas en medio de un aguacero, el gran amor de Dios podría haberle parecido un poco distante. Independientemente de que las condiciones fueran favorables o no para la fe, David creía en el gran amor de Dios, aun cuando no pudiera verlo en el mundo que le rodeaba.

Me despierto en la mañana, y tú estás ahí. Estás conmigo todo el día y toda la noche. Gracias, Padre celestial, por tu amor siempre presente. Amén.

Corazones leales

El Señor recorre con su mirada toda la tierra,
y está listo para ayudar a quienes le son fieles.
2 CRÓNICAS 16.9 NVI

Dios busca una relación con quienes tienen un corazón abierto y receptivo. Él no busca condenar o juzgar, sino encontrar corazones comprometidos con conocerlo y aprender su camino. Desea encontrar personas que quieran hablar y escucharle y que tengan una profunda sed de servirle y complacerle. Dios nos busca, y el único requisito es que cada una de nosotras tenga un corazón completamente entregado. Abrimos nuestros corazones y manos para recibirlo, y él nos encontrará.

Encuéntrame, Señor; acércame a ti. Abre
mi corazón para que pueda recibir todo
lo que quieras verter en él. Amén.

La orden de Dios

Y él dijo: Ven. Y descendiendo Pedro de la
barca, andaba sobre las aguas para ir a Jesús.
MATEO 14.29 RVR1960

Jesús se quedó atrás para despedir a la multitud,
y luego para orar. Esa misma noche, más tarde, los
discípulos, bregando en su barca contra el viento
contrario, vieron una figura de fantasma que se
acercaba. Jesús les aseguró que era él, y Pedro le
pidió al Señor que le ordenara ir a él. Jesús lo hizo, y
Pedro, por poco tiempo, caminó sobre el agua. ¿Qué
se necesita para que una persona normal camine
sobre el agua? Una orden de Dios. Por el poder de
Dios, hombres y mujeres normales, en respuesta
al llamado de Dios, han logrado realizar con éxito
tareas difíciles, incluso imposibles.

Tú eres mi fortaleza, oh Señor. Cuando
tenga ganas de rendirme, me volveré
a ti, confiada en que tú me darás el
poder para seguir adelante. Amén.

Dios de lo posible

—Para los hombres es imposible —
aclaró Jesús, mirándolos fijamente—,
mas para Dios todo es posible.
MATEO 19.26 NVI

¡Nadie puede salvarse por sus propios esfuerzos!
Los mayores esfuerzos del ser humano palidecen en
comparación con las exigencias de un Dios santo.
Pero la gracia, ofrecida gratuitamente por Dios y
aceptada por la persona, nos dará entrada al cielo.
Con Dios, todas las cosas son posibles, incluso permitir que los pecadores perdonados vivan por la
eternidad. La clave para conseguirlo todo es darnos
cuenta de que no podemos hacer nada.

Padre amado, aprecio tu gracia, tu amor
que no merezco. No he hecho nada para
ganármelo. La gracia es un regalo que me
has dado, y te la agradezco. Amén.

Cada paso del camino

Nunca dejen de orar.
1 TESALONICENSES 5.17 NTV

Dios quiere involucrarse en nuestra rutina diaria. Quiere saber de nosotros, y nos espera. Dios no nos prometió una vida fácil a los cristianos. Pero, si se lo permitimos, Dios estará con nosotros en cada paso del camino. Solo tenemos que venir a él en la oración. Con estas tres simples palabras de 1 Tesalonicenses 5.17, nuestras vidas pueden estar llenas, ya que vivimos para comunicarnos con nuestro Señor.

Padre, cuando oro, recuérdame que la oración no es solo hablar contigo, sino también escucharte. Abre mi corazón a tus palabras. Amén.

Plantado con profundidad

Grábense estas palabras en el corazón y en la mente; átenlas en sus manos como un signo, y llévenlas en su frente como una marca.
DEUTERONOMIO 11.18 NVI

Memorizar versículos de la Biblia no está de moda, pero aprenderse versículos clave planta con profundidad la Palabra de Dios en nuestros corazones. Al recordar lo que Dios nos dijo en la Biblia, obtenemos fuerza y alimento en tiempos difíciles. En tiempos de crisis, recordamos las promesas de Dios de esperanza y consuelo. En nuestros momentos cotidianos, repetir versículos conocidos nos recuerda que Dios está siempre con nosotros, nos guste o no.

Qué regalo tan impresionante me has dado, Dios: ¡la Biblia! Grabaré tus palabras en mi mente y en mi corazón y las llevaré conmigo dondequiera que vaya. Amén.

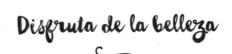

Disfruta de la belleza

Dios hizo todo hermoso en su momento, y puso
en la mente humana el sentido del tiempo, aun
cuando el hombre no alcanza a comprender
la obra que Dios realiza de principio a fin.
ECLESIASTÉS 3.11 NVI

Nadie «alcanza a comprender la obra que Dios realiza». Por algo es Dios. Aun así seguimos intentándolo. Afortunadamente, nuestro corazón no necesita entender; tampoco necesita «arreglos» terrenales. Solo necesita ser liberado, para encontrar a Dios y deleitarse en la belleza de su inagotable creación. Creyentes, dejen de permitir que las preguntas sin respuesta les impidan amarlo de una manera más completa. Y ustedes, no creyentes, pregúntense: si tuvieran todo lo material que pudieran desear, ¿no seguiría su corazón buscando la eternidad?

Tengo preguntas, Dios, muchas preguntas
sin respuesta sobre la vida y sobre ti.
Aumenta mi confianza en ti. Ayúdame
a dejar de lado mi incertidumbre y a
deleitarme en tu inagotable amor. Amén.

Sigue sonriendo

Cuando estaban desanimados, yo les sonreía; mi
mirada de aprobación era preciosa para ellos.
JOB 29.24 NTV

Nuestras formas más auténticas de comunicación
se producen sin palabras. Más bien, fluyen de una
sonrisa comprensiva, un toque compasivo, un gesto
de amor, una presencia amable o una callada oración. Dios usó a Job, un hombre ordinario con una
extraordinaria cantidad de amor y sabiduría, alguien
cuyo único adorno era una vida recta y una cálida
sonrisa. Y también quiere usarnos a nosotras. Así
que sigue sonriendo. Alguien puede necesitarlo.

Jesús, recuérdame que bendiga a los demás
con mis acciones. Una cálida sonrisa, un simple
acto de amabilidad o un toque de amor podrían
ser justo lo que alguien necesita hoy. Amén.

El amor es...

*Ahora, pues, permanecen estas tres
virtudes: la fe, la esperanza y el amor.*
1 CORINTIOS 13.13 NVI

¿Quién puede negar el poder de la fe? A lo largo de la historia, la fe ha cerrado la boca de leones, ha abierto ojos ciegos y ha salvado innumerables almas perdidas. Y las Escrituras señalan que sin ella no podemos agradar a Dios (Hebreos 11.6). Sin embargo, por maravillosas que sean estas cualidades, para Dios lo más grande es el amor. El amor permanece y nunca falla. Es paciente, amable, desinteresado y honesto; no lleva un registro de faltas ni se deleita en el mal. En una palabra, el amor es Dios. Y no hay *nadie* más grande que Dios.

*Padre, me esfuerzo por amar con paciencia
y bondad, desinteresada y sinceramente
¡porque al hacerlo me perfecciono más en
el amor y me parezco más a ti! Amén.*

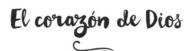

El corazón de Dios

Yo les daré un corazón íntegro, y pondré en
ellos un espíritu renovado. Les arrancaré
el corazón de piedra que ahora tienen, y
pondré en ellos un corazón de carne.
EZEQUIEL 11.19 NVI

Dios quiere darnos un corazón íntegro, un corazón abierto y listo para ver, oír y amar. Este corazón busca solo una cosa: amar a Dios y a los demás con una ternura que sabemos que viene de alguien que está más allá de nosotros. La buena noticia es que ya nos han hecho la cirugía, con éxito, y tenemos dentro el corazón de nuestro donante. Recibimos nuestro trasplante de corazón cuando Jesús murió por nosotros y creó un nuevo espíritu en nuestro interior. El corazón de Dios lo cambia todo y nos convierte en nuevas personas con corazones vivos.

Gracias, Señor, por darme un nuevo
corazón, uno con un amor tan perfecto
que me durará para siempre. Amén.

Nunca sola

Pero el Consolador, el Espíritu Santo,
a quien el Padre enviará en mi nombre,
les enseñará todas las cosas y les hará
recordar todo lo que les he dicho.

JUAN 14.26 NVI

Jesús llamó al Espíritu Santo «el Consolador», una traducción del griego de la palabra griega *parakletos*: «uno llamado al lado para ayudar». También puede traducirse como Fortalecedor, Abogado, Ayudante, Consejero, Asesor, Intercesor, Aliado y Amigo. El Espíritu Santo nos acompaña para ayudarnos, instruirnos, consolarnos y llevar a cabo la obra de Dios en la tierra. Él nos consuela y nos revela la verdad de la Palabra de Dios. Jesús está siempre con nosotros porque su Espíritu vive en nuestros corazones.

Fortalecedor, Abogado, Ayudante, Consejero,
Asesor, Intercesor, Aliado, Amigo... ¡Oh, Espíritu
Santo de Dios! Gracias por habitar en mi corazón,
guiándome y acercándome al Padre. Amén.

Inspirada por Dios

*Toda la Escritura es inspirada por Dios y es
útil para enseñarnos lo que es verdad y para
hacernos ver lo que está mal en nuestra vida.
Nos corrige cuando estamos equivocados
y nos enseña a hacer lo correcto.*

2 TIMOTEO 3.16 NTV

¡La Palabra de Dios sigue siendo inspirada por Dios!
¡Es tan relevante hoy como siempre! En nuestra
situación actual, las Escrituras nos hablan igual que
hablaban hace miles de años... y como hablarán por
la eternidad. Las circunstancias, las culturas, los
idiomas y las tecnologías han cambiado a lo largo
de la historia, pero Dios ha podido hablarles a las
personas justo donde están mediante su Palabra viva.
Ciertamente no hay ningún otro libro ni colección
de libros en el mundo que pueda hacer eso, solo la
Palabra viva, que sigue siendo inspirada por Dios.

*Amado Dios, todas las cosas pasan a la historia
excepto tú y tu Palabra. ¡Qué maravilla que
tu Palabra trascienda el tiempo, sea relevante
en la actualidad y viva para siempre! Amén.*

Servicio gozoso

*Por lo cual te aconsejo que despiertes
el don de Dios, que está en ti por
la imposición de mis manos.*

2 TIMOTEO 1.6 RVA

Este pasaje sirve de recordatorio para todo creyente.
Demuestra que los dones que Dios nos ha dado solo
conservan su vigor si se promueven y se usan acti-
vamente. Los dones que no se cuidan ni se usan se
estancan y, como un fuego desatendido, se apagan.
Así como la leña o el carbón alimentan el fuego, la
fe, la oración y la obediencia son los combustibles
de la gracia de Dios que mantienen nuestro fuego
encendido. Pero esto requiere una acción por nuestra
parte. ¿Estás usando los dones que Dios te ha dado?
¿Puede Dios confiarte más dones? Tal vez sea hoy el
día de juntar la leña espiritual necesaria para avivar
el fuego de Dios en tu interior.

*Dios, me has dado talentos especiales y dones
inspiradores. Te pido que abras mis ojos para
compartir esos dones. Con fe y obediencia
los usaré gozosa para servirte. Amén.*

Me escucha

Amo al SEÑOR porque escucha mi voz
y mi oración que pide misericordia.
SALMOS 116.1 NTV

¿No es alucinante? El todopoderoso Dios del universo, que creó y ensambló cada partícula que existe, nos escucha cuando nos presentamos ante él. Tal vez vamos al Señor con canciones, con alabanzas. Tal vez pasamos algún tiempo leyendo y reflexionando sobre la Palabra de Dios. Tal vez estamos orando a él buscando su consuelo. Hagamos lo que hagamos, Dios nos escucha y se interesa por lo que tenemos que decir. ¿No es esa una gran razón para amar al Señor? No olvidemos nunca dar gracias a Dios cada día por la oportunidad que nos da de ser escuchadas.

Tengo tantas razones para amarte,
Señor, tantas razones para adorarte y
alabarte... ¡Cuán agradecida estoy de que
escuches mi voz! Te amo, Señor. Amén.

Tres en uno

Yo soy Alpha y Omega, principio y
fin, el primero y el postrero.
APOCALIPSIS 22.13 RVA

¿Qué hace a nuestro Dios único entre las religiones del mundo? Ninguna otra religión tiene un Dios cuyo Hijo es igual al Padre. Los judíos y los musulmanes rechazan la idea de que Dios tenga un Hijo. Solo el cristianismo tiene un Dios trino, tres personas en un solo Dios. La Biblia es única porque en ella Dios revela plenamente quién es. Sabiendo que Jesús es plenamente Dios, que las Escrituras renueven nuestra esperanza y fe en nuestro Salvador. El que creó todas las cosas de la nada transformará este mundo en un paraíso sin pecado.

Jesús, tu ejemplo humano me enseña a
vivir, y confío en ti como mi Dios —Padre,
Hijo y Espíritu Santo—, tres personas,
un Dios, ¡un perfecto tú! Amén.

Provisión inagotable de amor

Nosotros amamos porque él nos amó primero.

1 JUAN 4.19 NVI

El poder del amor de Dios dentro de nosotros da vida a nuestro amor cuando el amor humano se está agotando. Él pone su amor en nuestros corazones para que podamos compartirlo. Sacamos amor de su provisión inagotable. El amor comienza con Dios. Dios sigue proveyendo su amor para nutrirnos. Dios nos rodea con su amor. Vivimos en esperanza y sacamos fuerza de la suya; todo porque él nos amó primero.

Oh Dios, el amor humano que conozco en la tierra no puede compararse con tu amor. Cuando me siento vacía, tu amor me llena. Tu amor es perfecto. Nunca falla. Amén.

Nunca te conformes

Porque en él habita toda la plenitud de la divinidad corporalmente: Y en él estáis cumplidos.
COLOSENSES 2.9-10 RVA

Pablo dijo claramente que la plenitud de la divinidad habita corporalmente en Cristo. Él es Dios el Hijo y, cuando tienes a Dios en tu corazón, estás completa. No necesitas nada más, ni ceremonias ni ningún supuesto conocimiento secreto para ser *más* completa. Si el Espíritu de Jesucristo habita en tu corazón y estás conectada a Dios, ¡lo tienes todo! Que nadie te convenza de lo contrario (Colosenses 2.8). No te conformes con los sustitutos.

Jesús, tú me haces completa. Desde que tú habitas en mi corazón, estoy conectada para siempre con Dios y con el cielo. Tengo todo lo que necesito: la salvación y tu perfecto y eterno amor. Amén.

Practica la hospitalidad

No se olviden de practicar la hospitalidad,
pues gracias a ella algunos, sin
saberlo, hospedaron ángeles.
HEBREOS 13.2 NVI

El autor de Hebreos 13.2, muy probablemente Pablo, les recordó a los cristianos que debían practicar la hospitalidad. Dio a entender que algunos podrían ser incluso ángeles enviados por Dios. Hoy en día, la mayoría de los forasteros con los que practicamos la generosidad y la hospitalidad seguramente no son ángeles, pero no podemos saber si algún día Dios nos permitirá hospedar a un ángel sin saberlo. Cuando practicas la hospitalidad, Dios puede estar usándote para ministrar a otros. ¿En qué otras formas puedes ofrecer hospitalidad a los extraños?

Señor, enséñame a ser sabia cuando practico
la hospitalidad. Ilumíname. Enséñame
nuevas formas de ministrar a los demás y
mostrarles tu asombroso amor. Amén.

No me olvida

Grabada te llevo en las palmas de mis manos.
ISAÍAS 49.16 NVI

Al atravesar tiempos tempestuosos, es tentador declarar que Dios se ha olvidado de nosotros. Tanto Israel como Judá lucharon con la idea de que Dios los había abandonado. Pero Dios tomó la iniciativa para quitarles de la cabeza esa idea. En una imagen que prefigura la crucifixión de Jesús, Dios proclamó con énfasis que sus hijos estaban grabados en las palmas de sus manos. Las cicatrices de los clavos que su Hijo llevaría en sus manos muestran los nombres grabados de todos los que lo invocamos como Salvador y Señor. ¡Dios no nos olvida en medio de nuestros problemas! Sus manos marcadas con cicatrices se extienden y agarran a las nuestras.

Jesús, las cicatrices de tus manos son por mi culpa, son un certificado de mi salvación. Mi nombre está grabado en tu mano como hija de Dios. ¡Oh, gracias, amado Jesús! Amén.

Dios sabe

Tus ojos vieron mi cuerpo en gestación:
todo estaba ya escrito en tu libro;
todos mis días se estaban diseñando,
aunque no existía uno solo de ellos.
<small>SALMOS 139.16 NVI</small>

Dios conoce el número de los días de todas las personas. Job dijo: «Los días del hombre ya están determinados; tú has decretado los meses de su vida» (Job 14.5 NVI). También conoce el día de nuestro nuevo nacimiento. Nos creó a una nueva vida en Cristo Jesús para buenas obras, «las cuales Dios dispuso de antemano a fin de que las pongamos en práctica» (Efesios 2.10 NVI). Dios lo sabe todo sobre nosotros y aun así nos ama. Declaremos con el salmista: «Conocimiento tan maravilloso rebasa mi comprensión; tan sublime es que no puedo entenderlo» (Salmos 139.6 NVI).

Dios, ¿cómo puedes saberlo todo sobre
todos los que han vivido en la historia? Tus
caminos se escapan a mi comprensión, y aun
así me amas. ¡Eres tan maravilloso! Amén.

Cada momento...

No permitirá que tu pie resbale;
jamás duerme el que te cuida.
SALMOS 121.3 NVI

Los salmos nos dicen que Dios no duerme. Nos observa, sin apartar la vista ni un instante, ni siquiera para descansar. Dios nos protege en todo momento. El Señor está despierto toda la noche, cuidando de nosotros mientras dormimos. Con toda paciencia, sus ojos siguen puestos en nosotros incluso cuando vagamos sin rumbo. Él nos consuela siempre cuando el miedo o la enfermedad nos quitan el sueño. Como un padre cariñoso que entra de puntillas en la habitación de su hija dormida, Dios está con nosotros incluso cuando no nos damos cuenta. Podemos dormir porque Dios nunca duerme.

Oh Dios, cuán agradecida estoy de que
nunca duermas. Cuando me vence el
cansancio, tú me proteges como una madre
que cuida a su hijo. ¡Te amo, Padre! Amén.

Fe infantil

Que nadie te menosprecie por ser joven.
Al contrario, que los creyentes vean en ti un
ejemplo a seguir en la manera de hablar,
en la conducta, y en amor, fe y pureza.
1 Timoteo 4.12 nvi

Gran parte de la sabiduría que adquirimos procede de las experiencias de las que tratamos de desprendernos en un esfuerzo por volver a un estado más puro e inocente. Los creyentes jóvenes pueden recordarnos a los mayores la alegría y el entusiasmo que puede generar una fe pura. Y tienen otra tarea importante; después de todo, la «presión de grupo» no siempre tiene que ser negativa. Los jóvenes están en mejor posición para llevar a otros jóvenes a Dios, y esa es una labor que merece todo el respeto.

Amado Dios, ayúdame a redescubrir la
inocencia infantil, la sencillez de la fe que
no duda. En esa forma más pura de creencia
es como estoy más cerca de ti. Amén.

Fiestas alegres

El SEÑOR le ordenó a Moisés que les dijera
a los israelitas: «Estas son las fiestas que yo
he establecido, y a las que ustedes han de
convocar como fiestas solemnes en mi honor».
LEVÍTICO 23.1-2 NVI

Durante la fiesta de las enramadas, los israelitas acampaban en frágiles refugios durante siete días para recordar el cuidado y la protección de Dios tras su huida de Egipto. Esta alegre fiesta tenía lugar al final de la estación de las cosechas e incluía un tiempo de acción de gracias a Dios por estas. Usemos, como los israelitas, todas nuestras fiestas para celebrar la bondad de Dios, reflexionando sobre las bendiciones que nos ha dado como individuos y como nación.

Padre, el mundo secular te ha excluido de
las fiestas, sobre todo de las dedicadas
a ti. Pero yo, Señor, te adoraré todos los
días, incluidos los festivos. Amén.

Su amor permanece para siempre

Sálvame, Dios mío, porque estoy a punto de ahogarme; me estoy hundiendo en un pantano profundo y no tengo dónde apoyar los pies [...]. Ya estoy ronco de tanto gritar; la garganta me duele; ¡mis ojos están cansados de tanto esperar a mi Dios!

SALMOS 69.1-3 DHH

Los salmistas tenían una relación muy real y genuina con Dios. Cantaron alabanzas a Dios, se enojaron con él, se sintieron abandonados por él, no entendían la lentitud de su respuesta... y aun así siguieron viviendo por fe. Estas oraciones nos recuerdan que no hay nada que pueda resultarle chocante al oído de Dios. Podemos contárselo todo. Él no nos abandonará. Su amor permanece para siempre.

Oh Señor, tú conoces los secretos de los corazones de mi familia. Enséñanos a hablarte en medio de cualquier emoción y circunstancia. Nuestra mirada está puesta en ti.

Un buen impulso

*Oh Jehová, de mañana oirás mi voz; de
mañana me presentaré a ti, y esperaré.*
SALMOS 5.3 RVA

Necesitamos comenzar nuestros días de mucha
ocupación con «un buen impulso». No solo con una
buena taza de café, sino con un poco de tiempo con
nuestra fuente de fortaleza. Dedicar cinco minutos
o una hora, o más si tenemos una buena disciplina,
a la oración y la lectura de la Biblia puede marcar la
diferencia en nuestro día. No importa si nos enfren-
tamos a levantar a los niños de la cama o a soportar
el tráfico hasta el trabajo, ese momento especial
puede darnos un «buen impulso» hoy.

*Gracias, Señor, por un día más. Sé tú mi fuente de
fuerza hoy. En el nombre bendito de Jesús, amén.*

La renovación de todas las cosas

[Pedro] dijo: He aquí, nosotros lo hemos dejado todo, y te hemos seguido; ¿qué, pues, tendremos? Y Jesús les dijo: De cierto os digo que en la regeneración, cuando el Hijo del Hombre se siente en el trono de su gloria, vosotros que me habéis seguido también os sentaréis sobre doce tronos, para juzgar a las doce tribus de Israel.

MATEO 19.27-28 LBLA

Nadie va a estar en el cielo simplemente ocupando espacio. Esta tarea a la que Jesús se refiere, la de juzgar a las doce tribus de Israel, se les encomendará a los discípulos. ¿Has pensado alguna vez sobre lo que harás en el cielo? No va a ser nada parecido a lo que has hecho en la tierra. Y las tareas que hagas serán a medida para ti.

Señor, no puedo ni imaginar lo que me tienes reservado en el cielo. Por favor, mantenme fiel para cumplir con las tareas que me has dado en la tierra.

Aférrate a la esperanza

El futuro de los justos es halagüeño;
la esperanza de los malvados se desvanece.

PROVERBIOS 10.28 NVI

Confiar en Jesús te dio nueva vida y esperanza para la eternidad. Entonces, ¿cómo respondes cuando la vida se vuelve sombría y anodina? ¿Se esfuma la esperanza? Cuando no veas grandes obras espirituales en marcha, no des por sentado que Dios te ha abandonado. Aférrate a él con más firmeza y confianza. Él cumplirá sus promesas. En serio, ¿qué otra opción tienes? Sin él, la esperanza desaparece.

Amado Padre celestial, el día que te
conocí fue el día en que volví a vivir. Mi
alma ahora rebosa de esperanza, amor,
paz y alegría. ¡Gracias por salvarme!

Bendiciones diarias

*Pero el SEÑOR cuida de los que le temen,
de los que esperan en su gran amor.*
SALMOS 33.18 NVI

El Señor de toda la creación observa cada uno de nuestros momentos y quiere llenarnos de su gozo. A menudo, él irrumpe en nuestras vidas con sus bendiciones: mariposas que danzan bajo los rayos del sol, telarañas tocadas por el rocío, nubes que parecen de algodón y gloriosos atardeceres carmesí. La belleza de su creación nos tranquiliza con su amor inquebrantable y nos llena de esperanza. Pero depende de nosotros dedicar tiempo a fijarnos en ello.

Quiero ser siempre consciente de tu preciosa creación, Padre. ¡Tu arte no deja de asombrarme!

El fin del duelo

Dichosos los que lloran, porque serán consolados.
MATEO 5.4 NVI

¿Cuándo pensamos que el duelo es algo bueno? Pero, cuando se trata del pecado, lo es. Aquellos que se duelen por su propia pecaminosidad se volverán a Dios para que los perdone. Cuando él responde, con plena disposición, al arrepentimiento de ellos, termina el duelo. Confortados por el perdón de Dios, los pecadores transformados lo celebran y el gozoso amor por Jesús sustituye al lamento.

Padre celestial, gracias por cambiar mi lamento por alegría. Tu amor incondicional inunda mi alma. ¡Eres bueno!

El amor de Jesús

Puestos los ojos en el autor y consumador de la fe.
HEBREOS 12.2 RVA

Dios está escribiendo una historia de fe con tu vida. ¿Qué contará? ¿Será una crónica de adversidades superadas, como la historia de José en el Antiguo Testamento? ¿O una tragedia convertida en regocijo, como la del hijo pródigo? Sea lo que sea lo que cuente tu historia, si amas a Jesús, el final está claro. Quienes aman a Jesús acaban en el cielo sean cuales sean sus pruebas en la tierra. El largo y agotador camino termina en sus brazos. Escribe hoy un capítulo en tu fiel narración del amor de Dios.

Dios, gracias por ayudarme a escribir mi historia.
¡Que mi historia toque las vidas de los demás
y sea una luz que los encamine hacia ti!

El primer amor

*Pero para esto deben permanecer
firmemente basados en la fe, sin apartarse
de la esperanza que tienen por el
mensaje del evangelio que oyeron.*
COLOSENSES 1.23 DHH

¿Recuerdas el día en que le entregaste tu vida a Cristo? ¿Te acuerdas del torrente de alegría y esperanza que corría por tus venas? Ah, la maravilla del primer amor. Como el amor romántico que se hace más ancho y profundo con el paso de los años, nuestra relación con Jesús se convierte en un río de fe que soporta la prueba del tiempo.

Padre, te doy muchas gracias por tu fidelidad. Las relaciones humanas pueden fallar, pero tú eres un compañero permanente en mi vida. ¡Gracias!

GOZO: Jesús en ti

*Que todos los que te temen encuentren
en mí un motivo de alegría, porque he
puesto mi esperanza en tu palabra.*
SALMOS 119.74 NTV

¿Alguna vez has conocido a alguien y supiste en seguida que estaba lleno de alegría? El tipo de alegría efervescente que bulle y se desborda, cubriendo a todos a su alrededor con calidez, amor y aceptación. Nos encanta estar cerca de personas llenas del gozo de Jesús. Es más, como cristianas, queremos ser como ellas.

*Señor, muéstrame cómo irradiar tu
alegría en presencia de los demás. Quiero
ser una luz que alumbre para ti.*

Gozo eterno

Así que no miramos las dificultades que ahora vemos ... Pues las cosas que ahora podemos ver pronto se habrán ido, pero las cosas que no podemos ver permanecerán para siempre.

2 CORINTIOS 4.18 NTV

Las primeras pinceladas de un pintor parecen manchas al azar, sin forma, sustancia, ni indicio de lo que será el cuadro terminado. Pero, con el tiempo, el hábil artista pone orden en el caos percibido. La confusión inicial pasa al olvido ante la gozosa admiración de la obra maestra terminada. A menudo no podemos ver más allá de las manchas de problemas en el lienzo de nuestra vida. Debemos confiar en que el Artista tiene una obra maestra entre manos. Y habrá una gran alegría cuando se complete.

Dios mío, tú eres el Artista Magistral. Confío en que crearás una obra maestra con el lienzo de mi vida.

Un nuevo día

*Señor, ten compasión de nosotros, que esperamos
en ti. Sé nuestro apoyo todas las mañanas,
nuestra salvación en tiempos de dificultad.*

ISAÍAS 33.2 DHH

Cada día es un día nuevo, un nuevo comienzo, una
nueva oportunidad de disfrutar de nuestra vida.
Cada día es un día nuevo con Dios. Podemos centrar
nuestra atención en las cosas que más importan:
adorarlo, escucharlo y estar en su presencia. No
importa lo que haya pasado ayer, hoy tenemos un
nuevo comienzo para disfrutar de una relación más
profunda con él: un lienzo nuevo cada veinticuatro
horas.

*Antes de levantarte en la mañana, déjame decir
estas palabras, y recalcarlas en serio: «Este es
el día en que el Señor actuó; regocijémonos
y alegrémonos en él» (Salmos 118.24 NVI).*

Índice de pasajes bíblicos

ANTIGUO TESTAMENTO

GÉNESIS
12.1-2 14
18.12 71
21.6 100

LEVÍTICO
23.1-2 176

DEUTERONOMIO
11.18-20 159

JOSUÉ
2.11 21
6.17 25

RUT
1.16 90

1 SAMUEL
16.7 101

2 SAMUEL
22.5, 7 13
22.31 117

2 CRÓNICAS
16.9 155
20.27 132

JOB
13.15 115
14.5 173
29.24 161
37.5 61
37.14-16 43

SALMOS
1.3 49
5.3 . . . . . .97, 178
8.3-4 68
9.1 122
18.29 41
19.1-2 50
22.11 109
22.26 7
23.3 40
27.6 130
28.7 35
30.5 143
32.1 134
32.8, 10 126
33.18 181
33.21 102
34.2-3 36
34.8 94
34.18 109
35.9 31
36.5 127
37.23 99

69.1-3 177
70.4-5 145
73.25-26 74
74.12 75
75.6-7 136
85.8 98
86.4-5 112
91.1-2 55
94.2 152
94.19 152
95.1-2 81
106.3 95
116.1 167
118.24 187
119.50 24
119.74 185
119.105 56
121.3 174
126.2 71
139.13 65
139.16 173
143.8 154
144.15 146
147.3 91
149.5 138

PROVERBIOS
2.2-5 118
4.25 129
8.17 120

10.28 180
12.25 103
15.13 29
15.15 . . . 93, 100
15.30 66
16.9 60
16.20 147
17.22 16
27.9 9
31.10-12 88

ECLESIASTÉS
2.10 149
3.11 160
8.5 15
9.7 150

CANTAR DE LOS CANTARES
1.15 42

ISAÍAS
8.17 67
25.1 23
33.2 187
35.10 133
40.8 108
40.31 113
49.16 172
54.10 125
55.12 142
58.11 38
63.9-10 86
66.2 28

JEREMÍAS
1.5 20
23.23-24 19
31.2-3 92
45.5 54

LAMENTACIONES
3.22-23 96

EZEQUIEL
11.19 163

MIQUEAS
7.8 106

HABACUC
3.18-19 78

SOFONÍAS
3.17 8

ZACARÍAS
2.8 8

NUEVO TESTAMENTO

MATEO
4.19 48
5.1-2 63
5.4 182
5.37 39
5.43-45 105

6.34 128
7.12 39
13.44 131
14.29 156
19.26 157
19.27-28 179

MARCOS
6.31-32 27
10.13-15 89

LUCAS
6.35 123
6.38 135
10.41-42 34
14.28 121
15.6 44
15.7 70

JUAN
1.4-5 116
4.28-29 22
6.63 59
10.10 47
14.16 32
14.26 164
15.11 16
17.13 53
20.29 104

HECHOS
1.8 87
13.15 119
17.28 140
20.24 139

Romanos

8.11 57
8.15 11
8.25 144
15.4 58

1 Corintios

1.30 101
2.9 69
6.19 33
13.13 162

2 Corintios

4.18 186
5.7 80
5.17 . . . . .10, 101
9.6 114
10.5 107

Gálatas

3.11 46
5.13 73
5.22-23 26

Efesios

2.10 173
3.16-18 111
3.20-21 76
5.1-2 64

Filipenses

4.4 124
4.6 72
4.8 101
4.11 17

Colosenses

1.23 184
2.9-10 170
3.14 77
3.16 153
3.23 52

1 Tesalonicenses

2.4 12
5.11 84
5.17 158

1 Timoteo

2.1, 3 83
4.12 175

2 Timoteo

1.6 166
3.16 165

Filemón

1.7 18

Hebreos

4.12 110
12.2 183
13.2 171

Santiago

1.5 79
5.13 137

1 Pedro

1.8 85
3.3-4 82

1 Juan

4.9 151
4.12 148
4.19 169

Judas

1.2 141
1.24 51

Apocalipsis

1.8 45
22.13 168